| 어린이 영어교육 시리즈 4 |

JN436043

동화를 활용한 어린이 영어교육

김혜정 지음

JINSAEM 진샘미디어

PREFACE

세계화는 시대적 화두이지만 단순히 교과서나 책에서만 존재하는 것이 아닌 무한 경쟁의 세계화를 살아가는 이 시대에 가장 필요한 사고라고 할 수 있다.

이런 글로벌 정보 지식 사회에서 영어의 힘은 세계화의 문을 열고 더 높이 도약할 수 있는 기본적이면서 가장 중요한 열쇠라고 할 수 있다. 따라서 국가의 미래인 어린이들에게 국제어로 통용 되는 영어교육은 세계를 향한 눈과 귀를 열어주고 개인의 삶의 질 향상과 더불어 국가 발전에 필요한 핵심적인 능력이다. 아이들에게 영어로 의사소통할 수 있는 능력을 기르는 것은 현재 교육 현장의 목표이다.

이러한 상황에 발맞추어 우리나라에서도 1997년 3월 초등학교 정규 교과 과정으로 영어를 실시하게 되었고 3, 4학년 학생을 대상으로 음성언어인 듣기와 말하기 교육만 시행되다 2009 개정 교육과정에서부터 음성언어와 문자언어의 균형적인 지도를 목표로 문자언어 도입을 3학년 1학기로 앞당기게 되었다. 이는 수업의 효율성을 높일 뿐만 아니라 총체적인 언어 기능 습득이 요구된다.

이런 측면에서 영어 동화는 인간이 언어로 창조해낸 또 다른 세계를 어린이들에게 친숙한 동화를 통해서 문자언어로 제시해 일상적으로 접할 기회를 주고 영어권 문화에도 자연스럽게 노출할 기회를 주는 바람직한 영어교육 방법의 하나다.

영어를 단순한 의미를 이해하기 위해서나 지식만을 위한 학습일 경우 쉽게 지루해지고 영어에 대한 어려움을 느끼며 영어 자체에 흥미가 떨어지고 심지어 영어에 대한 두려움까지 초래할 수 있다. 그러나 영어 동화를 통한 이야기 위주의 학습은 어린이들에게 흥미 유발과 그림을 통한 의미 이해가 쉬워 학습 능력의 향상과 이야기를 통한 문화·가치관·세계관 등 올바른 자아 형성을 위한 인성 및 지적 소양이 쌓이는 결과를 만들어 낼 수 있다.

어린이들과 친숙한 영어 동화를 활용하여 말하기, 듣기, 읽기, 쓰기 등의 4기능과 더불어 어휘와 자연스러운 문법적 기능을 스스로 깨우치게 될 때 더욱 의사소통 능력의 발전이 이루어지며 또한 아이들의 사고력이 더 넓게 확장될 수 있다.

그러므로 이 책에서는 영유아 및 초등 학습자에게 영어 동화를 통한 영어교육에 대한 이래를 돕기 위한 이론 및 개념을 공부할 수 있도록 하였으며, 지도에 필요한 관련 활동들을 찾아 소개하였고 다양한 현장 중심의 사례를 통해 구체적인 방향을 제시해 보았다.

이 책은 대학에서 공부하는 예비 어린이영어 교사, 유아 및 초등 영어교육을 지도하시는 현장의 교사, 어린 자녀의 영어교육을 구체적으로 어떻게 가르쳐야 할지 모르는 부모님들에게 좋은 지침서가 될 것이다.

이 책이 어린이 영어교육에 관심을 두는 많은 분께 귀중한 자료와 효과적으로 도움이 되는 기본 지침서가 되길 바란다.

2021년 12월

저자

CONTENTS

PART 01 ▌ 이론편

01

이론편

CHAPTER

01

왜 영어 동화인가?

어린이 영어교육에서 동화를 활용하는 것은 더 이상 논쟁의 가치가 없다. 하지만, 여전히 많은 선생님이나 부모님들은 다양한 이유에서 저항감을 가지고 있다. 예를 들면 아이들에게 이야기책을 큰 소리로 읽어주거나 말해주는 것에 대한 그들의 능력이 부족하다고 생각한다. 혹은 이야기책의 활용 방법에 대한 이해 부족과 이야기, 책을 활용한 수업 계획을 준비하는 시간의 부족 등의 이유에서 동화를 활용하는 것에 대한 불편감을 가지고 있다.

하지만, 초등학교 아동들의 인지발달 특성과 언어 학습에 관련된 여러 요인을 고려해 봤을 때 영어 동화 수업은 아이들에게 적합한 언어 학습 활동 중의 하나라고 볼 수 있으며, 언어능력과 인성 교육에도 긍정적 영향을 미친다.

1.1 영어 동화책을 사용하는 이유

아동들은 이미 모국어를 통해 이야기 듣기를 즐겨왔었고 이야기식의 관습에 친숙해져 있다. 예를 들면 옛날 옛날에…. 이 말만 듣고도 아이들은 다음에 무엇을 기대하는지 예측할 수 있다. 이러한 이유에서 동화책은 친숙하고 기억에 남는 상황에서 언어를 제시하므로 외국어에 대한 이상적인 소개를 제공할 수 있다. 또한, 동화책은 다양한 관련 언어 및 활동을 위한 출발점을 제공하거나 발판 역할을 할 수 있다.

동화는 아동의 언어능력뿐만 아니라, 인지적, 정서적 발달에도 여러 가지 능력을 함께 발달시킬 수 있다는 장점을 갖고 있으므로, 동화를 통해 영어를 학습하면 영어 학습과 더불어 인성 교육에 긍정적인 영향을 미칠 수 있다.

Ellis와 Brewster(1991)는 언어 수업에서의 동화 활용의 이유를 다음과 같이 설명하고 있다.

- 이야기는 동기부여, 도전적이며 재미가 있고 외국어, 문화와 언어 학습에 대한 긍

정적 태도를 갖는데 도움이 될 수 있다. 언어 수업에서 가장 중요한 요소는 유의미한 내용을 통해 학습자의 동기를 유발하는 것이다. 학습자는 이야기를 접하는 동안에 이야기의 의미를 알려고 노력한다. 즉 목적을 가지고 이야기를 접하게 되고 이 과정에서 학습자의 동기가 유발되게 되며, 적극적인 학습 참여의 기회를 갖게 된다.

- 이야기는 상상력을 발휘한다. 아이들은 등장인물과 동일시하면서 이야기와 삽화를 해석하려고 노력하면서 이야기에 개인적으로 참여할 수 있다. 이 상상력의 풍부한 경험은 아이들의 창의력을 계발하는데 도움이 된다.

  아동들은 동화를 읽어주는 동안 자신들의 관심을 보여주며, 상상력을 동원하여 이야기의 세계에 몰입하는 것을 볼 수 있다. 즉, 이러한 과정을 통해 아동들은 다양한 언어적 입력과 자신들의 세계를 점차로 넓혀가는 것을 볼 수 있다. 교사가 이야기를 읽어주는 동안에 다음에 전개될 내용에 대해서 많이 궁금해하고, 이들의 정서에 알맞은 동화를 골라 수업 자료로 제시하면 학습자들의 학습 흥미를 높일 수 있다.

- 이야기는 환상과 상상을 아이들의 현실 세계와 연결하는데 유용한 도구이다. 이야기는 아이들이 일상생활을 이해하고 집과 학교를 연결하는 방법을 제공한다.
- 교실에서 이야기를 듣는 것은 사회적 경험을 함께 나누는 것이다. 스토리텔링은 공유된 웃음, 슬픔, 설렘과 기대의 공통된 반응을 유발할 뿐만 아니라, 아이들의 자신감을 키우고 사회적, 정서적 발달을 장려하는 데 도움을 줄 수 있다.
- 아이들은 반복해서 이야기 듣는 것을 즐긴다. 이 빈번한 반복은 특정 언어 항목을 습득하는 데 분명 도움을 준다. 많은 이야기 속에는 중요 어휘와 문장이 자연스럽게 반복적으로 들어가 있다. 이것은 아이들이 모든 세부 사항을 기억하는 데 도움이 되므로 이야기에서 다음에 일어날 일을 예상하는 법을 점차 배울 수 있다. 반복은 또한 이야기에 참여하도록 장려해주고 의미 있는 맥락 속에서 일종의 패턴 연

습을 제공한다.

- 다양하고 기억하기 쉽고 친숙한 문맥으로 아동들에게 언어를 노출함으로써 새로운 단어와 문형을 익히게 해준다.
- 이야기를 듣는 것은 아이들이 언어의 리듬, 억양 및 발음을 인식하는 데 도움이 된다.
- 이야기책은 어린이가 자신의 언어 또는 인지 능력에 따라 반응할 수 있도록 함으로써 개인의 관심과 다양성을 충족시킨다.
- 동화책은 감성 지능을 포함하여 언어 학습에 기여하는 다양한 유형의 지능을 개발한다.
- 동화책은 작가와 삽화가의 문화를 반영하므로 문화 정보를 제시하고 문화 간 비교를 장려할 수 있는 이상적인 기회를 제공한다.
- 동화책은 일반적 의미 듣기, 예측하기, 의미를 추측하고 가설하기 등 아이들의 학습 전략을 향상해준다.

특히, 동화책은 다음을 통해 아이들의 듣기 기술과 집중력을 향상할 수 있다.

1) 시각적 단서(아이들의 이해를 도와줄 수 있는 질 높은 그림과 삽화)
2) 오디오 단서(음향 효과, 의성어)
3) 언어가 작동하는 방식에 대한 사전 지식
4) 세계에 대한 사전 지식

- 동화책을 통해 교사는 최적의 입력을 제공하여 습득 기반 방법론을 사용할 수 있다.
- 이야기는 커리큘럼 전반에 걸쳐 영어와 다른 주제 영역을 연결하도록 선택할 수 있으므로 어린이 학습의 연속성을 개발할 기회를 제공한다.
- 이야기를 통한 영어 학습은 기본적인 언어 기능과 구조, 어휘 및 언어 학습 기술을 배우는 측면에서 중등학교의 기초를 다질 수 있다.

언어 수업에서의 동화 활용의 목적을 간략히 정리해보면,

첫째, 이야기는 동기유발 및 외국어 학습에 대한 긍정적인 태도를 발달시킨다.

둘째, 이야기는 상상력과 창조력을 발달시킨다.

셋째, 이야기는 환상과 상상을 아동의 실제 세계와 연결하는 유용한 도구이다.

넷째, 아동들은 이야기를 듣기를 통해 웃음, 슬픔, 흥미로움 등의 감성을 발달시키면서 다양한 사회적 경험을 공유한다.

다섯째, 아이기는 핵심 어휘와 구조에 대한 자연스러운 반복을 제공함으로써 아동들이 특정 언어 요소를 획득할 수 있게 한다.

여섯째, 다양하고 기억하기 쉽고 친숙한 문맥으로 아동들에게 언어를 노출함으로써 새로운 단어와 문형을 익히게 해준다.

일곱째, 아동들은 이야기 속의 삽화나 아동들의 사전 지식을 통해 이야기의 전체 흐름을 파악하고 자기 경험과 관련지으면서 듣기 능력과 집중력이 발달해간다.

여덟째, 교육과정 운영에 있어 다른 과목과의 통합을 통해 학습의 계속성을 길러줄 수 있다.

아홉째, 동화를 통해 학습한 기초적인 어휘나 문장의 구조는 중등학교에서의 영어 학습의 기초를 다져준다.

또한, 영어 동화뿐만 아니라 문학이 영어교육에 주는 이점에 대해 Povey(1972)는 다음과 같이 설명하고 있다.

첫째, 문학은 언어적 자료를 제공하고 어휘와 용법과 통사적 구조 및 문체를 통하여 언어적 지식을 확장하여 언어 기능을 향상해 준다.

둘째, 문학은 목표 언어로 표현되므로 그 언어는 바로 문화라고 할 수 있다는 점에서 목표문화와 자기 문화에 대한 인식을 넓혀준다.

셋째, 아동들로 하여금 훌륭한 작가의 표현법과 사상을 통하여 영어 학습자의 창조

력을 개발시킬 수 있다고 하였다.

즉, 영어 학습에 이용할 수 있는 문학의 장점은 상황 속에서 제공되는 언어적 표현을 학습자가 익힐 뿐만 아니라, 자기 문화와 다른 문화에 대해서도 체험하게 되고, 훌륭한 문학 작품을 통해서 상상력과 창조력을 개발할 수 있다는 점이다.

1.2 영어 동화책 활용의 효과

언어 교수에 있어 문학 작품의 활용과 유, 초등 학습자를 대상으로 영어 동화가 가질 수 있는 교육적 효과에 대해 지금까지 많은 논의가 있었다.

Little wood(1981)는 우리나라와 같은 EFL(English as a Foreign Language) 상황에서는 학습자들이 실제 영어를 사용하는 기회로부터 격리되어 있으므로, 이를 보완하는 방법의 하나가 영어 문학 작품을 읽어보는 것이라고 하였다. 그리고 그는 학습자가 영어 동화를 통해 흥미와 즐거움을 느끼게 되면 학습자는 스스로 더 많은 이야기를 찾아 읽게 되므로 영어 입력 제공의 문제점을 극복할 수 있다고 주장하였다. Brumfit과 Carter(1986)는 영어교육에서 문학의 활용은 언어능력 및 인지적 발달을 가져오므로 문학교육이 꼭 필요하다고 하였으며, Gravie(1991) 또한 동화가 학습자의 감정과 사고를 자극하고, 학습에 대한 흥미와 동기를 불러일으키며 언어의 4기능을 골고루 지도할 수 있는 자료가 된다고 하였다.

(1) 언어발달

영유아부터 이야기를 다 이해하지 못해도 지속해서 읽어주다 보면 어느 순간 아이들은 이야기의 진행을 이해하여 스스로 페이지를 넘긴다. 동화는 아이들에게 절대적인 흥미의 대상으로서 현실에서는 이룰 수 없는 꿈과 욕망을 마치 실제적인 것처럼 자연스럽게 묘사한다. 언어는 무수한 반복으로 습득되며, 아이들은 오래된 이야기를 반복해서 들어도 싫증을 느끼지 않고 재미있어한다.

Ellis와 Brewster(1991)는 스토리텔링의 언어 학습 효과를 다음과 같이 제시하고 있다.

첫째, 동화는 외국 언어와 언어 학습에 대한 긍정적인 태도를 동기화시키고 발전시키는 데 도움을 준다.

둘째, 동화는 상상력을 연습시킨다.

셋째, 동화는 아동들의 실생활에 그들의 환상성과 상상력을 연계하는 유용한 도구이다.

넷째, 교실에서 동화 듣기는 사회적 경험을 나누어 갖게 한다.

다섯째, 아동들은 동화를 반복해서 듣기를 즐긴다.

여섯째, 동화 듣기는 아동들의 사고와 언어로 구성되어 다양한 언어, 그들의 세계와 친근하고 좋은 추억을 떠올리게 하는 문맥들에 노출시킴으로써 교사가 새로운 어휘들과 문장 구조를 소개하고 지도하는 것을 가능하게 한다.

일곱째, 동화 듣기는 아동들의 듣기 능력과 집중력을 발전시킨다.

여덟째, 동화를 통해 영어를 학습하는 것은 제2 언어를 배우는 학교 교육에서 기본 언어 기능, 구조, 어휘 그리고 언어 학습 능력들을 위한 기초라고 할 수 있다.

언어발달과 관련된 이야기의 유용성에 대해

첫째, 이야기는 어휘습득에 영향을 미친다. 아동이 이야기 속으로 빠져들면서 결국에는 자신이 이야기 속의 주인공이 되어 대사를 말하거나 상대방의 이야기를 듣게 되므로 자연스럽게 어휘를 습득할 수 있다.

둘째, 이야기는 문법 구조를 인식하는 데 영향을 미친다. 동화를 통한 영어 학습은 아동들이 영어와 관련된 문법 및 올바른 어법을 쉽게 즐기면서 습득할 수 있다.

셋째, 이야기는 어휘, 문장 구조 습득에 영향을 미칠 뿐만 아니라 심리언어학적, 사회언어학적, 담화적 특성들의 인식에도 영향을 미친다. 아동들은 줄거리 및 등장인물의 특징을 통해 그들이 사용하는 언어가 포함하는 심리적인 측면까지도 읽을 수 있기 때문이다.

(2) 정서·사회성·도덕성 발달

이야기는 아동에게 희로애락의 간접 경험을 통해서 아동의 감성 지능을 발달시킬 뿐만 아니라 학습의 효과도 증대시키는데 그 이유는 아동의 육감을 최대한 이용할 때 학습의 효과가 극대화되기 때문이다. 이야기가 정서발달에 영향을 주는 또 다른 이유는 아동들에게 즐거움을 제공한다는 것이 경험하지 못했던 환상적인 세계로 아동들을 이끄는 것은 큰 감동과 즐거움을 주며, 그러한 감동과 즐거움은 그 자체가 아동의 정서발달에 상당히 긍정적으로 작용하여 영어 학습 동기를 향상해 주므로 교육적인 효과를 기대할 수 있다.

이야기는 실제 세계, 환상의 세계 등 다양한 세계를 소개하고 있으므로 아동들은 이야기를 들으면서 폭넓은 세계를 간접적으로 경험할 수 있게 되고, 그러한 과정에서 사회성을 발달시킬 수 있다. 또한, 영어로 된 이야기를 읽으면서 이야기 속의 주인공들과 자신을 동일시하게 되며, 지금까지 접해보지 못했던 여러 종류의 사람이 되어볼 수 있으므로 타인에 대한 이해와 지식이 생겨나 사회성이 강화된다. 외국 사회의 인간관계에 대한 지식을 얻을 수도 있고, 외국과 우리나라의 사회상 및 도덕적 가치관이 어떻게 다른가를 비교해보면서 폭넓은 세계를 이해할 수 있게 되는 것이다.

(3) 사고력 발달

아동의 정서, 언어, 사회성, 도덕성 발달은 사고력 발달에 직접적인 영향을 주므로 이야기는 아동의 상상력과 창의력을 향상하는 동시에 이해력과 논리력을 크게 강화한다.

영어 수업 시간에 아동 각자가 이해한 이야기의 내용을 발표하게 하거나 그림, 역할극 놀이로 다시 표현하게 한다면 영어뿐만 아니라 위에서 언급하고 있는 창의성도 함께 고양 시킬 수 있다. 이처럼 창의적 능력이 영어 능력을 발달시키기도 하지만 영어 학습 결과 아동의 창의력이 신장 될 수 있으므로, 이야기를 활용한 영어 교육에서 아동의 상상력, 창의력, 사고력 발달은 영어 수업의 효율성과 긍정적인 상호 관계가 있다고 볼 수 있다.

CHAPTER 02

동화책 선정 기준

우선, 동화책을 선정할 때는 접근 가능하고 유용하며 어린이 학습과 관련된 동화책을 선택하는 데 주의를 기울여야 합니다.

2.1 Ellis와 Brewster의 선정 기준

크게 언어학적 측면, 심리학적 측면, 인지적 측면, 사회적 측면과 문화적 측면으로 크게 5가지 기준으로 나눠는데 각각의 목표는 서로 매우 겹친다. 5가지 측면의 내용을 살펴보면 아래와 같다.

첫째, 수준(level)은 어휘, 문장 구조, 언어 기능의 수준은 아동에게 적합한가?

접근 가능한 수준인가? 적절한 수준의 도전을 제공하는가? 이야기에 이해할 수 있는 입력을 제공하기 위해 풍부한 어휘의 예가 포함되어 있는가?

둘째, 문학적 장치(literacy devices)는 반복/누적 내용, 리듬/라임, 질문/답변, 대화/이야기, 유모/긴장, 예측 가능성/놀람, 의성어/두운 대조, 은유/직유 등

이야기에는 어떤 문학적 요소가 포함되어 있는가? 이것이 학생들이 이야기를 이해하고, 스토리텔링에 참여하고, 발음을 개선하고, 기대와 암기를 장려하고, 언어를 풍부하게 하고, 집중력을 유지하고, 즐거움을 더하는 데 어떻게 도움이 되는지 알아야 한다.

셋째, 내용(content)/주제(subject)/문제(matter)

이야기가 아이들의 관심을 끌 수 있을까? 아이들의 관심사와 관련이 있나요? 재미있고 기억에 남나요? 보편적인 주제를 다루고 있나요? 이야기를 한 번에 읽을 수 있습니까, 아니면 여러 부분으로 나누어 읽어 줄 수 있습니까? 우리는 이야기에 반영된 가치와 태도에 동의합니까? 등과 관련된 내용이다.

넷째, 삽화와 레이아웃 삽화의 사용/레이아웃, 매력적인/다채로운, 크기, 목표 문화

교재의 글과 그림이 일치하고 아이들의 이해에 도움을 주는지, 삽화는 아이들의 시각적 능력(심미안)을 키울 수 있는지, 삽화는 아이들의 나이에 적당한지, 삽화는 매력적이고 다채로운지, 삽화는 모든 아이가 볼 수 있을 정도로 충분히 큰지, 목표 문화의 삶을 묘사해 주는지, 레이아웃(페이지 분할/덮개 들어 올리기/잘라내기 페이지, 말풍선/텍스트 없음)이 어린이의 이해를 돕고 이야기와의 상호 작용을 극대화하는지 등을 살펴봐야 한다.

ㄷ-섯째, 교육적 잠재력(educational potential)

배우기 위한 학습, 교차 교과 과정 링크, 세계/문화 지식, 개념적 발전, 학습 스타일/지능 이야기는 어떻게 아이들이 학습 전략을 인식하고 발전시킬 수 있도록 하나? 스토리가 커리큘럼 전체의 다른 과목과 연결될 수 있는가? 아이들은 세계와 다른 문화들에 대해서 무엇을 배울 수 있는가? 이야기가 어떤 개념을 발전시키고 강화하는가? 이야기와 관련 활동이 다양한 학습 스타일을 수용하고 다양한 지능을 이끌어주는가?

여섯째, 동기부여(motivation) : 향유, 긍정적인 태도 만들기, 호기심을 자극하기, 성공적인 학습, 경험, 자신감 형성, 지속적 학습에 대한 욕구

이야기가 학생들의 개인적인 경험을 바탕으로 동기를 부여할 수 있는가? 아이들의 상상력을 계발하고 유머 감각을 끌어주는가? 이야기에 긍정적으로 반응하고 목표 언어, 문화와 언어 학습에 대해 긍정적 태도를 계발시켜주는가? 이야기는 호기심을 자극하고 목표 언어, 문화와 언어 학습에 대해 더 알고 싶게 만드는가? 이야기는 긍정적인 학습 경험을 제공하고, 자신감을 형성시켜주고 계속 학습하고 싶은 열망을 주는가?

일곱째, 가치(values): 협력, 협동, 감정 발달, 자존감

이야기가 아이들이 중요한 가치를 인식하는 데 도움이 될까요? 아이들이 함께 일하

고, 번갈아 가며, 공유할 수 있는 기회를 제공할 것인가? 이야기가 아이들에게 감정을 탐색하고 공유하는 데 도움을 줄 수 있나요? 이야기는 아이들이 자신을 더 잘 이해하고 자존감을 키울 수 있도록 도와줄 수 있습니까?

여덟째, 글로벌 이슈(global issues): 시민권 교육, 다문화 교육, 문화 간 인식

이야기가 어린이들에게 더 넓은 세계관을 제공하나요? 환경 및 생태, 성 문제, 인종차별, 성차별, 인권, 건강 및 안전, 관용 등에 대한 인식과 이해를 개발하는가? 다른 나라의 삶에 대한 인식과 비교를 촉진하는가?

아홉째, 언어 내용/실제적 접근

언어가 대상 문화권에서 사용되는 다양성을 나타내는가? 이야기는 대상 문화의 삶에 대한 정보를 제공합니까? 이해하기 어려울 수 있는 모호한 문화적 참조가 포함되어 있습니까? 따라서 동화책 선정 기준을 언어학적 측면만으로 한다면 수준(level), 문학적 장치(literacy devices), 내용(content) 이렇게 3가지 기준에 따라 선택하면 된다. 심리학적 측면으로는 문학적 장치, 내용, 삽화, 교육적 잠재력, 동기부여의 기준으로, 인지적 측면의 선정 기준은 교육적 잠재력, 동기부여, 가치, 글로벌 이슈의 기준에 맞춰 선정하고 사회적 측면에서의 선정 기준은 동기부여, 가치, 글로벌 이슈로 그리고 문화적 측면으로는 삽화, 교육적 가치, 동기부여, 가치, 글로벌 이슈 그리고 언어 내용 기준으로 선정하면 된다.

2.2 흥미, 언어능력에 따른 선정 기준

김영미는(1999) 동화책 선정 시 먼저 학습자의 흥미도와 언어 능력을 고려해야 한다고 하였다.

(1) 흥미에 따른 동화 선정의 기준은 다음과 같다.

첫째, 교사는 아동이 이해할 수 있는 이야기를 선택해야 한다. 아동이 이야기를 듣고 보고 읽을 때 이해할 수 있는 일반적이어야 한다. 또한, 아동은 배경과 상황보다는 등장인물이 느끼는 감정을 더 잘 이해할 수 있으므로 리듬이 있는 'Brown Bear, Brown Bear What do you see?'와 같은 간단한 동화도 좋다.

둘째, 아동의 주의집중 시간을 연장하기 위해서는 우선 이야기나 삽입된 그림이 재미있어야 한다. 그림은 책의 내용만큼이나 중요해서 시각적인 즐거움을 줄 뿐 아니라, 아동이 글의 내용을 이해하는 데 많은 도움을 준다. 그러므로 글과 그림이 일치하는지 반드시 확인하고 책을 선택해야 한다.

셋째, 아동들뿐만 아니라 가르치는 교사 자신도 좋아하는 책으로 선정해야 한다. 교사가 좋아하고 재미있어하는 이야기를 선택해야 교사가 이야기를 열정적으로 전달할 수 있기 때문이다.

넷째, 동화에서 전달되는 내용이 다른 교과 내용과 관련된 것이면 좋다. 예를 들어 이야기의 문장이 간결하고 짧은 대화를 포함하고 있다면 말하기 학습에 좋고, 이야기가 그림으로 잘 묘사되어 있으면 미술학습과 연관 되어질 수도 있다. 또한, 수와 연관된 내용은 수학이나 과학 수업과 연결하여 학습할 수 있으므로 통합학습용 자료로도 유용하게 사용될 수 있다.

예를 들면 'The Very Hungry Caterpillar'의 경우

- 미술 학습으로(Art and Craft): 달걀 상자 애벌레 만들기, 휴지 애벌레 만들기 등
- 과학(Science): 나비의 일생(작은 알에서 나비가 될 때까지의 과정을 도표로 그린 후 각 그림에 해당하는 단어로 꼬리표 붙이기 활동)
- 음식(Food): 다양한 음식 이름을 좋아하다/싫어하다 표현을 응용 연습
- 조사하기(survey) 활동을 통해 음식명과 긍정/부정문 익히기

• 수(Math): 과일의 총수 계산하기 위한 활동지 완성하기 활동

• 음악(Music): 'Monday, Tuesday···.'(days of the week) 노래 부르기

Counting rhyme: 'Ten Fat Sausages' 음을 활용하여 불러 보기

• 언어(Language focus): 단어 생성, 시 만들기, 단수/복수(A or an)

• 글로벌 이슈(global issues): 나라별(대륙) 나비의 다양한 종류 및 색깔 알아보기 등

(2) 언어능력에 따른 동화 선정의 기준은 다음과 같다.

동화를 선정할 때 학습자의 흥미도 뿐만 아니라 학습자의 언어 수준도 고려해야 한다.

첫째, 아동들의 나이, 흥미를 고려한 언어표현으로 이루어진 것이 좋다. 예를 들면 가족, 학교생활, 모험, 운동, 동물 등 아동들의 개인 생활과 연결된 언어표현들을 포함하는 것이 바람직하다. 이는 초등학교 영어 교육과정 학년별, 단원별 주제에 따른 동화책을 선정하면 수월할 것으로 생각된다.

둘째, 동화에 사용된 언어는 아동들의 언어 수준을 고려하되 약간 높은 수준의 이야기가 좋다. Krashen(1983)의 언어입력이론에서 학습자의 언어 인지능력을 자극하고 격려할 수 있는 아동의 언어 수준에 1을 더한 수준이 좋다. 너무 쉬우면 도전 정신을 잃거나 너무 어려우면 포기하는 경우가 있어서 학습자의 도전 의식에 적절한 단계가 좋다.

셋째, 어린이영어교육에 사용될 수 있는 동화는 될 수 있으면 간단한 언어로 전개되어 있으며, 줄거리와 등장인물들의 관계가 단순해야 한다.

넷째, 동화의 내용에서 언어 패턴이 반복적으로 되풀이되어 자연스럽게 언어가 인지될 수 있어야 한다. 반복의 요소가 이야기 속에서 나타나면 아동들은 반복 학습을 한다고 느끼기보다 계속해서 읽어 나간다고 느끼게 되며 무의식중에 반복 학습을 하게 된다.

CHAPTER

03

영어 동화책의 종류 (Types of storybooks)

교사는 기존 아동 문학의 풍부한 자료에서 선택할 수 있습니다. 아이들이 이미 모국어로 친숙한 전통 이야기, 동화 같은 이야기, 유머러스한 반전이 있는 동화의 현대적 이야기, 글이 없는 그림 이야기(wordless books; 아이들이 그림을 보면서 각자 이야기를 꾸며 보는 것), 운율 이야기, 예측 가능한 결말이 있는 누적 이야기, 유머러스한 이야기와 전염성 리듬을 가진 이야기, 일상적 생활 이야기, 환상 이야기, 동물 이야기, 자신의 문화에 관한 이야기 등 기존 아동 문학서 등이다. 종종 외국어 학습자가 창작 동화책을 사용하는 것에 대한 비판은 언어가 너무 복잡하고 일반 연령대에 비해 내용이 너무 단순할 수 있다는 것이다. 그러나 외국어의 경우 아이들은 모국어로는 거부할 수 있는 이야기를 기꺼이 받아들이는 경우가 많다. 또한 엄선된 동화책은 아동의 나이, 개념적, 정서적 발달, 전반적인 경험에 따라 다양한 수준에서 해석될 수 있으며 다양한 방식으로 활용될 수 있다.

3.1 창작 동화책(Authentic Storybooks)

아주 최근까지 ELT 교실에서 어린 학습자에게 사용되는 많은 이야기책은 인기 있는 동화와 우화, 또는 종종 학습용 도서(readers)라고 불리는 특별히 쓰인 이야기들을 개작하고 단순화한 버전이었다. 그러나 1990년대에 많은 교사가 실제 동화책(authentic storybooks) 즉, 영미권 아이들이 실제 읽는 동화책을 사용하기 시작했다. 실제 이러한 책들은 EFL(English as a Foreign Language; 외국어로서의 영어) 아동들을 가르치기 위해 특별히 쓰인 책이 아니기 때문에 언어가 외국어로서의 영어를 배우는 아이들을 위해 특별히 단어가 선택되거나 등급이 매겨지진 않았다. 그러나 많은 경우 실제 언어뿐만 아니라 어린 학습자를 위한 강의 계획서에서 전통적으로 발견되는 언어의 예가 포함되어 있어 진정한 입력과 도전의 풍부한 소스를 제공한다. 아이들은 모든 단어를 이해하지 못하더라도 의미를 파악하는 능력이 있다. 억양, 마임, 몸짓, 문맥 및 시각적 지원과 같은 단서는 그들이 들은 것의 의미를 해독하는 데 도움이 된다. 따라서 영미권 아기들이 읽는 실제 동화책은 강한 성취감을 느끼기 때문에 아이들에게 많은 동기를 부여할 수 있다.

3.2 읽기 연습용 책(Readers)

아주 최근까지 유, 초등 학습자의 영어 교육을 위해 사용된 많은 이야기책은 인기 있는 동화, 우화, 동요 또는 특별히 쓰인 이야기를 개작하고 단순화한 버전이었다. 이러한 책을 일반적으로 읽기 연습용 도서 혹은 학습용 도서(readers)라고 부르고 어휘와 구조가 신중하게 아이들의 영어적 수준을 고려하여 수준별 등급이 매겨지고 순서가 지정된 특정 과정의 강의 계획서를 보충하기 위해 제작되는 경우가 많습니다. 일반적으로 교사가 어린이들에게 소리 내어 읽어주고 다른 관련 언어 학습 작업을 위한 출발점으로 사용하기보다 읽기 기술을 개발하기 위해 혼자 학생이 공부하며 사용하도록 의도되었다. 종종 리더스 북의 시리즈 책들은 항상 매력적이거나 흥미롭지는 않다.

3.3 장르별 동화책의 종류

장르별 분류에는 이야기(narrative), 운율(rhyme), 반복 구조(repeating structures)/누적된 내용(cumulative content), 환상(fantasy), 전래동화(fairy tales)/풍자(satire), 다른 문화 이야기(stories from other cultures) 등으로 나눈다.

3.4 주제별 동화책의 종류

주제별로 동화를 분류하면, 아이들에게 현재 수업에서 다루고 있는 언어 내용이나 주제를 담고 있는 이야기를 적절하게 도입할 수 있는데 도움이 된다. 또한 어린이마다 개인 생활이나 관심사와 연관된 주제를 다뤄줄 수 있다. 과학(science), 동물(animals), 음식(food)/쇼핑(shopping), 색깔(colors), 의류(clothes), 공룡(dinosaurs), 마녀(witches)와 마술(magic), 곤충(insects), 축제(festivals), 우정(friendship), 사람들을 돕는 것(helping people), 사회적 행동(social behavior), 관용(tolerance), 평등(equality), 환경(environment)/보존(conservation), 사람(people)/가족(families)/직업(occupations) 등

3.5 작가별 동화책의 종류

많은 작가는 자신의 독특한 가치관을 가지고 동화를 창작한다. 그들의 책 속에는 작가가 전달하고 싶은 많은 주제를 담고 있다. 예를 들면 Eric Carl 세계 25개국에서 1,200만 부나 판매된 'The Very Hungry Caterpillar'를 비롯한 많은 책을 만들어 낸 미국의 그림책 작가이다. 그는 주로 콜라주 기법을 이용해 자르고 붙여서 밝고 유쾌한 그만의 작품 세계를 보여준다. 1, 2, 3 to the Zoo, A House for Hermit Crab, Brown Bear, Brown Bear, What Do You See?, Do You Want to Be My Friend?, From Head to Toe, Have You Seen My Cat? 등 많은 책이 국내에서도 사랑받고 있다.

또한, Anthony Browne의 1983년 'Gorilla' '동물원' 등 독특한 화풍으로 일탈, 고통, 반성, 용서, 재생 등 진지한 주제를 유머러스하고 재밌게 표현한다는 평을 얻는 작가이다. 그는 2000년 세계의 가장 뛰어난 그림책 작가에게 주는 한스 크리스찬 안데르센

상을 받았다. 이외 Helen Oxenbury, Leo Lionni, Maurice Sendak, Dr. Seuss, Donald Crews, Bill Martin Jr. Don과 Audry Wood 등이 있다.

3.6 재료와 형태별 동화책의 종류

보드(Board Book) 표지나 본지의 두께 차이가 없고 각 장이 두껍게 만들어져 소근육 발달이 미숙한 아이들도 책장을 쉽게 넘길 수 있고 쉽게 찢어지지 않는 장점이 있으며 책을 처음 접하는 영유아들에게 적합한 형태의 책이다.

페이퍼 백(Paperback)은 겉표지와 본문의 두께가 종이처럼 얇게 만든 책으로 코팅이 되어 있고 가격이 저렴하며 주로 학습용 도서(readers)용으로 제작한 형태라고 보면 된다. **양장본**(Hard Cover) 책 표지가 두껍고 딱딱한 양장 재질로 되어 있고 본지는 페이퍼 백과 비슷하여 도서관 진열용 책으로 오래 보관할 수 있다.

팝업 책(Pop-up Book)은 책을 펼쳤을 때 Pop하고 튀어나오는 입체 그림책을 말한다. 생동감 넘치는 움직임을 느낄 수 있고 아이들에게 공간 감각과 예술적 감각을 키워줄 수 있다.

플랩 북(Flap Book)은 그림 일부를 들어 올려 펼쳐보거나(lift the flap book) 책을 펼쳐서 볼 수 있도록(flap out book) 만들어진 책으로 주로 유아용 도서에서 흔히 볼 수 있으며 아이들의 상상력을 키워줄 수 있도록 제작한 책이다.

오디오 북(Audio Book)은 책과 오디오가 같이 나온 형태로 영어를 모국어가 아닌 외국어로 배우는 경우 원어민이 책을 읽어주므로 정확한 발음 및 억양 등을 익힐 수 있어 선호하는 형태이다.

감각 책(Touch & Feel) 책의 내용에 따라 양처럼 부드러운 동물의 털을 책에 직접 달아주어 아이들이 직접 만지면서 촉감을 느낄 수 있다. 털, 비닐, 천 등의 다양한 재질을 그림과 함께 제공해준다.

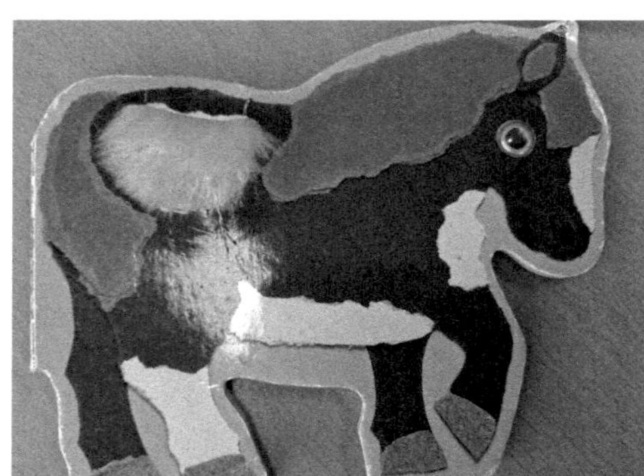

향기 책(Scratch & Sniff) 향기 나는 과일이나 꽃, 등 그림의 일부분을 손으로 문지르면 실제 사물과 같은 냄새와 향기가 나서 아이들의 흥미를 유발할 수 있고 실물이 없어도 설명하고 이해하는데

좋은 자료가 된다. **목욕용 책**(Bath Book)은 물에 젖지 않도록 비닐이나 플라스틱 재질로 만든 책으로 목욕, 물놀이할 때 놀면서 볼 수 있도록 만든 장난감 책(toy book)의 일종이다. 아이들은 여름 여행에 꼭 챙겨가는 물놀이용품 중 하나가 될 수 있다.

헝겊 책(Cloth Book) 책 자체가 천으로 만들어져 물건을 자주 입에 대거나 뜯는 성향이 있는 유아에게 적합한 책이다. 작은 크기의 책부터 쿠션 형태, 카펫처럼 펼치면 커지는 책등 다양한 크기로 제작이 되어 있어 아이들의 호기심을 불러일으킬 수 있다.

소리 책(Sound Book) 동요나 자장가 등 그림과 함께 노래가 녹음되어 들으며 볼 수 있는 책이다. 각 동물의 울음소리, 다양한 악기 소리와 같은 특정 음향효과가 삽입되어 있어 흥미를 북돋아 주는 책이다.

스펀지 책(Sponge Book) 글자, 숫자, 다양한 모양(shapes) 등이 책 안에 퍼즐 식으로 들어 있어 아이들은 그것들을 끼웠다 뺐다 할 수 있도록 제작된 책의 형태이다.

3.7 전래동화와 창작동화

옛날부터 전해 오는 이야기에는 신화, 전설, 민담 등이 있다. 이러한 설화는 개인의 창작물이 아닌 민족적 집단의 공동 심의로 이루어진 일정한 구조를 가진 꾸며낸 이야기이다. 즉 민족의 생활 속에서 채집된 민족 고유의 생활 감정을 반영시키는 이야기로써 범위도 매우 광범위하다. 설화는 어린이 대상의 문학을 다루는 경우 이야기가 전해지는 과정에서 어린이들에게 유익하고 쉽게 이해될 수 있도록 일정한 구조를 가지고 재구성한 구비문학의 한 장르가 전래동화이다. 전래동화는 어떤 특정 세대의 소유물이 아니라 남녀노소를 불문하고 모든 사람의 소유물이었다. 특히, 언제, 어디서, 누구에 의해 이야기가 시작하였는지는 알 수 없지만, 서민들에 의하여 몇백 년 동안 이어져 내려온 인류 공동의 작품이다. 이러한 전래동화는 이야기를 만들어 낸 사회 구성원들의 생각과 정서를 포함하고 있으므로, 나라와 민족에 따라 각기 독특한 국가적, 민족적, 지역적 특성이 반영되어 있다. 흔히 말하는 '옛날이야기'라는 용어는 너무 막연한 지칭이기 때문에 민담, 민화라는 용어를 쓰거나 전래동화로 표기하고 학술용어로 민담이라고 표현한다.

전래동화의 특징은 일반적으로 줄거리가 있고, 산문 형식을 띠며, 구체적 사건이 일어난 시간과 장소의 묘사가 불분명하다. 또한 주인공 등 등장인물의 성격묘사는 없고, 동화가 발생한 그 지역 사람들의 생활과 종교, 미신에 대한 것과 그들의 도덕적, 윤리적 교훈이 포함되어 있다.

초등 영어 교육에서 전래동화를 활용할 때의 이점은 다음과 같다.

첫째, 전래동화는 구어 중심 문학이므로 말하기, 듣기기능의 향상에 중점을 두는 초등영어에서 활용하기 좋다. 전래동화는 설화의 일종으로 구연을 통해서 전해오는 문학으로 구어를 중심으로 한다. 즉, 이는 화자와 청자에 의해서 말하기나 듣기에 좋게 변천해 온 것이다.

둘째, 전래동화는 내용이 짧고, 구성이 간단하다. 구전 문학이므로 주제가 확실하지만, 내용은 짧고 글의 흐름과 등장인물 등의 구성이 간단하다. 초등 영어 교육에서 교재로 사용할 때 단 몇 개의 삽화로도 글의 주요 흐름을 이해할 수 있으므로 언어 학습에 효과적이라고 할 수 있다.

셋째, 전래동화는 반복되는 구문이 많다. 예를 들어, '금도끼 은도끼'에서는 산신령이 도끼의 소유 여부를 묻는 구문이 반복되고 'Is this gold(silver, bronze) ax yours?' '흥부전'에서는 흥부의 집과 놀부의 집에서 박을 탈 때의 대화가 반복된다. 이처럼 전래동화 속에서의 반복은 학생들에게 흥미와 자신감을 주어 학습 동기를 유발해 주는 역할을 하므로 구문을 학습하는 데 효과적이다.

넷째, 전래동화는 우리의 문화를 반영하므로 영미문화와 우리 문화를 비교함으로써 독표언어인 영어 사용 국가의 문화까지 이해할 수 있게 된다. 전래동화는 우리 조상들의 사고방식과 생활방식 등을 포함하고 있어 우리 민족 정서를 이해하고 학습하는 데 유용할 뿐만 아니라, 특히 초등영어에서 사용할 경우, 영미 문화와 우리 문화를 비교, 학습할 수 있어 자국의 문화를 이해한 후 세계에 우리 문화를 알리는 귀중한 자료로 쓰일 수 있다(김윤희, 2007, p13).

또한, 창작동화 중 환상 동화는 아동의 상상력과 독창력을 끌어내며, 무생물도 생물과 마찬가지로 살아 있으며, 의식도 있고, 감정과 생각이 있어서 언어를 사용한다는 것을 보여준다.

생활 동화는 아동의 생활 경험을 바탕으로 과학적 사고방식을 반영하여 아동들에게도 사실적이며 합리적인 사고를 강조한다. 자신과 비슷한 아동이 주인공이 되어 습관, 생활정보, 예의 등을 주제로 이야기가 전개되므로 아동들에게 매우 친숙하면서도 도움이 되는 내용들로 되어 있다. 전래동화는 아동이 이미 알고 있는 이야기가 많아 그다음 이야기를 추측해 보는 흥미를 느낄 수 없지만 생활 동화는 추측의 묘미와 자신들의 실생활과 비교해볼 수 있고 생활영어를 자연스럽게 학습할 수 있다.

CHAPTER 04

동화 개작

영어 동화 개작은 학습자 수준, 학습 시간, 학습 목표, 어휘 및 문장 난이도, 내용의 부적절성 및 교과 관련성을 생각하였을 때 주어진 교수 학습 상황에 꼭 맞는 영어 동화를 찾기란 매우 어려운 일이므로, 수업 적용의 편리성과 학습자 실태 및 교육과정과의 연계성을 높이기 위해 개작을 한다. 하지만, 이야기를 너무 수정하고 단순화하면 고유의 작가가 전달하고자 하는 의미를 일부 잃을 위험이 있다.

Stern(1991)은 영어를 외국어로 배우는 학습자를 위한 영미 문학의 선택에 있어 학습자들의 영어 능력, 나이, 학습 목표 등이 반드시 고려되어야 하며, 작품의 어투, 주제 등이 모든 학생에게 보편적인지를 살핀 후 그에 따라 동화를 개작해야 한다고 하였다. 이 견해는 동화 개작의 가장 기초적인 근거로써 초등영어 교실에서도 교사가 활용하고자 하는 영어 동화의 적합성에 대해 우선적으로 평가해야 한다.

그리고 Ellis와 Brewster(1991, 2002)는 앞서 제시한 영어 동화 개작의 기본적인 필요성에 근거하여 어려운 어휘, 시제, 문장 길이와 복잡성, 이야기 내용 등을 대상으로 영어 동화 개작의 원리를 제시하였다.

영어 동화 개작의 실제적인 방법은 다음과 같다.

4.1 어휘와 일반적 의미

첫째, 익숙하지 않은 내용과 단어가 있는지 점검해본다.

학습자에게 어려운 단어는 난이도가 쉽고, 의미가 통하는 쉬운 단어로 바꿀 수 있다. 예를 들면

The Enormous Turnip: Enormous → Big(조금 더 쉬운 단어)

Jim and the beanstalk: ‘pesky’ → naughty(조금 더 일반적)

‘oculist’ → ‘eye doctor’(더 쉬운 단어로) 혹은 ‘optician’(더 일반적인)

재에 따라서는 조금 익숙하지 않은 단어라도 원본의 의미를 유지하기 위해서 그대로 유지하는 것이 좋을 때가 있다. 예를 들면 Meg's Eggs: 'cauldron'(가마솥) 문체의 효과를 위해 그대로 두는 것이 더 좋다.

둘째, 관용구를 점검해본다.

관용구는 학습자가 이해하기 쉬운 문장으로 바꿀 수 있다.

예를 들면

Princess Smartypants; 'It's high time you smartened yourself up'

→ You don't look like a princess, your clothes are so dirty.

의미를 약간 변경하지만, 이야기의 주제를 강조한다.

셋째, 이야기의 선명도(clarity)를 점검해본다.

더 많은 예가 이야기의 의미를 더 명확하게 만드는지? 확인해본다.

4.2 문법

첫째, 시제를 확인해본다.

너무 많은 시제를 포함하고 있으면, 동화에서 일반적 형태인 현재형 또는 과거형으로 바꿀 수 있다.

둘째, 구조(structures)의 사용을 확인해본다.

독자의 수준에 맞춰 다소 복잡한 문장 구조를 단순화하거나 긴 문장의 경우 몇 개의 문장으로 나누어 제시할 수 있다. 즉, 이야기는 여러 구조를 사용할 수 있지만 하나를 강조하거나, 구조의 수를 줄일 수 있다.

셋째, 단어 순서를 확인하라.

동화에서 극적 효과를 위해 의도적으로 바꾼 낱말의 순서를 바로잡을 수 있다.
예를 들면 *Funnybones; In the dark dark cellar some skeletons lived.*
Skelton을 강조하기 위해 순서가 바뀜.

4.3 아이디어의 조직

첫째, 문장 길이와 복잡성을 확인하라.

하나의 긴 문장은 두 개의 문장으로 나눠서 짧게 할 필요가 있다.
의미를 더 명확하게 만들기 위해 다른 단어나 마임 동작을 추가해야 할 수도 있다.

둘째, 시간 순서를 확인하라.

동화에서 사건이 일어나는 순서를 시간의 순서에 맞게 재배열 할 수 있다.
예를 들면 first, then, the next day…. 처럼.

셋째, 아이디어가 연결되는 방식을 확인하라.

문장 사이의 관계가 더 명확해질 필요가 있는지 확인 후 동화에서 사건의 단서가 되는 내용들을 다양한 접속사를 사용해 더 이해하기 쉽게 재배열 할 수 있다.
예를 들면 The Elephant and the Bad Baby. 'so'를 더 빈번하게 사용하여 원인과 결과를 강조할 수 있다.

넷째, 아이디어가 설명되는 방식을 확인하라.

만약, 이야기가 많다면(길다면) 이야기를 더 쉽게 따라가기 위해 직접적인 말(대화)로 바꾸어라. 즉, 동화에서 사건이 진술되는 방법을 독백이나 등장인물 간의 대화와 같은 형식으로 바꿀 수 있다.

4.4 이야기 길이

이야기의 기본 내용 전개가 유지되는 범위 안에서 특정 사건 및 인물 또는 배경을 제거하여 이야기의 길이를 수업의 목적에 알맞게 조정할 수 있다.

위의 내용은 추가(adding), 수정(modifying), 대체(replacing) 등의 교재 개작 기법을 동화의 기본 언어 요소라 할 수 있는 문장, 어휘, 표현에 적용하기 위한 구체적인 방법이다. 그리고 이를 실제로 활용할 때는 개작하고자 하는 영어 동화의 특성, 개작의 목적, 대상 학습자의 수준 등이 고려되어야 한다.

Nation(2008)은 Dracula의 원작과 개작 간의 비교 분석을 통해 읽기 자료 개작의 효용성을 주장하였는데 효과적인 어휘 학습을 위해서 원작 문장의 수를 줄이고, 빈도수가 높지 않은 어휘를 필수 어휘로 바꾸는 작업으로 해당 읽기 자료를 활용한 학습의 효율성을 높일 수 있다고 하였다. 또한, Nation(2008)은 목표언어를 학습하는 주체가 초급 학습자일 경우 단순화를 통한 어휘 중심 개작이 필요하다고 하였다. 이는 우리나라 어린이 영어교실 현장에서 영어 동화를 적용할 때 학습자의 수준에 따른 영어 동화의 적합성을 높이기 위한 개작의 필요성을 시사한다.

영어 동화가 문학성을 지닌 작품으로써 그 자체가 충분한 교육적 가치를 지닌 것이지만 우리나라의 어린이영어 교육 상황에서는 원작을 그대로 적용하기에는 어려움이 있을 수 있다.

다시 말해 영어 동화에 익숙하지 않은 학습자들에게 동화의 원문은 난이도가 매우 높을 수 있으며, 학습자가 이해하지 못하는 표현과 어휘가 많이 포함될 수 있다. 즉, 외국어로 영어를 접하는 학습자의 특성이 개인마다 다르며, 학습자별 개인차가 심한 영어 교과의 특성을 고려한다면 유, 초등영어 학습자를 대상으로 영어 동화를 수업의 교재로 사용하고자 할 때는 어휘, 표현, 내용적 측면에서 개작이 필요하다.

4.5 동화책에서 찾아야 할 기능

유, 초등영어를 지도하는 교실에서의 동화를 선정할 때 다음과 같은 질문들을 한 번쯤 고려해봐라.

- 당신이 좋아하고 열정을 전달할 수 있는 이야기 동화책인가?
- 아이들도 좋아하고 즐길 수 있는 이야기책인가?
- 내용이 재미있고, 동기를 부여하고 아이들의 집중을 유지할 수 있는 이야기책인가?
- 적당한 길이 인가 혹은 챕터(장)로 나눌 수 있는 책인가?
- 아이들에게 친숙한 이야기인가? (예를 들면 잘 알려진 동화 혹은 그 나라 전통 동화), 그들의 사전 지식을 고려하고 예측할 수 있도록 하는가?
- 명확하고 복잡하지 않은 줄거리를 가지고 있는 이야기인가?
- 풍부하고 표현력 있는 언어를 사용하지만, 언어적으로나 인지적으로 접근 가능한 상태를 유지하는가?
- 아이들이 유용한 구를 자연스럽게 습득할 수 있도록 반복적 문법 구조로 되어 있는가?
- 아이들이 즐겁게 따라 할 수 있는 의성어를 포함하고 있는 이야기인가?
- 운율(rhyme)과 리듬(rhythm)을 특징으로 가지고 있는 이야기인가?
- 긴장감, 놀람과 유머의 요소를 포함한 이야기인가?
- 예측과 확인을 할 수 있는 반복, 누적된 내용을 가진 이야기인가?
- 참여하기 위한 기회를 제공하는가(생각하고 상호작용, 예측하기, 추측하고 반복하기)?
- 상상력을 발휘하는 이야기인가?
- 아이들이 배우는 방법을 배우도록 격려하는가?

- 보편적인 주제를 다루는 이야기인가?
- 세계에 대한 아이들의 지식을 지원하고 확장하는 데 도움이 되는 이야기인가?
- 당신과 당신의 학생들이 받아들일 수 있는 도덕적 또는 표현적 가치와 신념을 가지고 있는 이야기인가?
- 후속 조치 및 확장 작업을 위한 기회를 제공하는 이야기인가?
- 삽화는 명확하고 접근 가능한 반 전체 아이들이 볼 수 있을 정도의 충분한 크기인가?
- 삽화는 강력한 시각적 지원을 제공하는가?
- 삽화는 의미를 이해하는 데 도움이 될 수 있도록 글과 일치하는가?

가장 중요한 목표는 어린이의 문학 감상과 즐거움을 개발하는 것입니다.

CHAPTER

05

영어 동화를 활용한 수업 계획하기

아무리 아름답고 좋은 영어 동화책이라도 교사들은 영어가 모국어가 아닌 아이들에게 사용하기는 쉽지 않다. 영어 동화책을 기반으로 어느 정도 시간으로 수업을 해야 하고 수업을 준비하는 데 걸리는 시간은 어느 정도이며 동화책을 활용하여 아이들에게 어떤 것들을 개발시켜줘야 하는지 상상이 안 갈 것이다. 동화 수업에서는 학습자들을 이끌기 위해 동화를 들려주는 활동만 하는 것이 아니라 동화를 듣고 학습자들이 얼마나 잘 이해하고 있는지 알아보고, 동화에서 다루어진 언어 내용을 내재화시키기 위한 여러 가지 활동을 해야 한다. 그래서 이번 장에서는 교사들이 영어 동화책을 사용하여 수업할 때 자주 질문하는 내용들에 대해서 알아본다.

영어 동화책을 활용하여 수업하기 위해서는 크게 3단계로 나눠서 지도한다. 동화 읽기 및 말하기 '전(pre-/before)' 과정, '중(while-)' 과정, '후(post-/after)' 과정으로 나뉜다. 즉, 아이들이 무엇을 하려는지, 왜 하는지, 그리고 이야기와 관련하여 그들이 이미 알고 있는 것에 대해 생각하는 계획(plan) 단계, 이이기를 듣고 적절하게 참여하는 실행(do) 단계, 이야기를 통해 제시된 언어를 확장하고, 통합하여 개인화하기 위해 추가 성찰에 참여하고 학습한 내용을 검토 및 평가하는 검토(review) 단계가 있다.

예를 들면, 'Brown Bear, Brown Bear…. ' 동화책을 8~9살 아이들에게 사용하게 될 경우, 색깔과 동물을 사전에 지도하고 아이들이 실행 단계(Do)에서 쉽게 이야기에 참여할 수 있도록 계획 단계(Plan)에서 학습한다. 이렇게 함으로써 아이들은 아름다운 삽화에 푹 빠져들고 줄거리를 예측하고 스토리텔링에 적극적으로 참여할 수 있는 능력이 생겨 학습에 큰 동기부여를 받게 된다. 검토 단계(Review)에서는 자신이 선택한 동물과 색상을 결합하여 'Brown bear….' 문장의 구조을 바탕으로 각자 아이들 자체 수업 책을 만드는 데 참여하게 한다.

우리 반 아이들이 20명 있으면 20권의 다양한 '갈색 곰아, 갈색 곰아, 무엇을 보았니?' 책이 창조적으로 만들어진다.

아이들이 본인이 만든 책을 반 친구들 앞에서 소개가 끝난 후 교사는 개별적으로 아이들이 잘한 이유를 말해준다.

예를 들면 색깔과 동물들의 이름을 잘 알고 있으므로 잘했어요.

중요 어휘들을 수정해서(교재 속에 색깔과 동물 이름 등) 말했기 때문에 매우 잘했어요. 색상은 사진(picture)으로 표현을 했고 우리는 새로운 동물의 이름을 배웠기 때문에 잘 했어요. 등으로 개별적 칭찬을 표현해 준다.

수업의 목적을 정의하고 명확하게 하려면 상세한 **수업 계획서**를 작성하는 것은 유용하다. 아이들이 목표를 달성하기 위해 참여할 활동 유형과 이를 수행하는 방법에 대해 주의 깊게 생각하는 데 도움이 되며, 수업 시간에 교실 언어는 목표어와 모국어를 언제 각각 사용할 것인지 생각해보고, 어떤 자료들(플래시 카드, 실물, 등)을 준비해야 하는지, 그리고 수집할 자료를 확인하는 데 도움이 된다. 또한, 수업 계획은 학생들에게 무엇을 했는지에 대한 서면 기록을 제공한다. 또한 이것은 교사와 아이들과 함께한 언어 작업을 볼 수 있게 해주지만, 활동 유형 및 상호 작용 측면에서 수업을 충분히 다양화했는지 여부를 평가하는 척도이기도 하다.

수업 계획서를 작성하고 수업을 진행하는 방법에는 여러 가지가 있다.

여기에서 소개하는 모델은 Brewster, Ellis와 Girard(2002:238)의 Plan-Do-Review에 관해 소개하도록 하겠다.

5.1 계획 단계(Plan) : 수업 시작하기

■ 워밍업(Warming up)

아이들과의 관계를 형성하고 유지하기 위한 비공식적인 대화 시간이며, 영어 수업 시간에만 만나는 영어 교사라면 이때는 특히 중요하다. 아이들이 주말에 무엇을 했는지, 수업 시간에 어떤 것들을 했는지 등 다양한 것들에 대해 서로 이야기를 나눈다. 또는 챈트나 노래를 부르거나, 날짜, 요일 혹은 날씨에 관해 이야기하는 것과 같은 활동들을 할 수 있다.

■ 복습하기(전 시간에 배운 내용 복습)

지난 시간에 우리 무엇을 했었지요? (What did we do last lesson?)
혹은 지난 수업 시간 무엇을 배웠지요? (What did you learn last lesson?)

라고 질문을 해본다. 이것은 아이들에게 지난 수업 시간에 배운 내용을 되돌아보도록 격려하고 또한, 아이들이 지난 시간에 배운 내용을 기억해 보도록 하는 귀중한 정보를 제공하는 것이다. 지난 시간에 배운 것을 어휘와 문장을 연습하기 위해 게임 형식으로 복습할 수도 있고, 역할극(role-play)과 같은 연기를 해보도록 할 수도 있다.

■ 제시하기(오늘의 수업 목표를 알려주기)

오늘 수업 시간에 무엇을 할 것인지 설명해준다. 여기서는 기술적인 상세한 내용을 들어갈 필요는 없다. 아이들에게 전반적인 목표와 방식을 간단하게 알려준다.

5.2 실행 단계(Do) : 수업 활동하기

한 동화책으로 수업을 몇 회(몇 차)로 나눠서 할 것인지에 따라 수업당 1, 2, 3회 또는 그 이상의 활동 주기가 있을 수 있다. 보통 1권의 동화책의 학습 기간을 4주로 계획하고, 주2~3회로 수업을 할 경우는 총 8~12회차 수업 계획안을 구성해야 한다. 만약, 1권의 동화책의 학습 기간을 2주로 학습 기간을 잡았을 경우 총 4~6회차로 한 권의 동화책을 나누어서 지도해야 한다.

각 차시마다 계획-실행-검토 순서로 수업을 진행하고 아이들이 각 활동에 할 것들을 준비하고, 아이들이 해야 할 일과 이유를 알게 하며, 활동 후에 피드백과 어떤 형태의 검토를 할 것인지 생각한다.

수업의 순서는 다음 단계가 포함된다.

■ **Plan: 활동에 대한 상황 제공하기**

- 아이들에게 주제에 대해 익숙해지도록 하고, 핵심 어휘를 끌어내고 동기부여를 위해 아이들의 사전 지식을 활성화해준다.
- 새로운 언어를 소개하고 연습한다.
- 활동의 목적을 설명해주고, 가능한 그것을 시연해준다.

■ Do

- 아이들은 계획 단계(plan)에서 제시된 목표언어를 연습하고 사용하는 활동을 실행한다.
- 교사는 필요에 따라 교실을 돌아다니며 아이들의 활동하는 것을 지켜보고 모니터링 하며 도움을 준다.

■ Review

- 아이들은 언어를 확장하고 개인화함으로써 이전 단계의 언어를 통합한다.
- 교사는 활동과 수행을 평가하기 위해 검토를 실행한다.

5.3 복습 단계(Review) : 수업 마무리하기(ending the lesson)

• 수업을 뒤돌아보고, 복습하고, 요약하기

- 숙제 주기: 활동 완료하기, 무언가를 알아내기, 수집하기, 다음 수업을 위해 무언가를 준비하거나 가져오기 등
- 일상적인 재미있는 활동

수업 계획서는 교사의 철학 및 교육관에 따라 다양하게 내용을 변경할 수 있다. 매 수업이 있기 전에 작성되며 수업 계획 중 가장 구체성을 지닌 것이라고 볼 수 있다. 경력이 많지 않은 교사들은 상세하게 수업 계획을 작성하지만, 경력이 쌓이면 수업 계획의 핵심 내용만 정확히 기재한다.

다음은 lesson plan 예시이니 참고하시기 바랍니다.

[Lesson Plan]

<table>
<tr><td rowspan="2">Unit
(Theme)</td><td colspan="2" rowspan="2">1. Where are you from?</td><td>Grade</td><td></td><td rowspan="2">Teac
her</td><td colspan="2" rowspan="2"></td></tr>
<tr><td>Period</td><td>2/4</td></tr>
<tr><td>Objectives</td><td colspan="7">To learn about greetings in different languages.
Review the sentences from previous lesson "Where are you from?" through</td></tr>
<tr><td rowspan="2">Strategy for class</td><td>New words</td><td colspan="6">Konnichiwa, Hello, Guten tag, Ni hao, Hola, greetings</td></tr>
<tr><td>New senten-ces</td><td colspan="6">Where are you from?
I'm from….
How do you say…?</td></tr>
<tr><td colspan="8">Teaching Process</td></tr>
<tr><td>Stages
(content)</td><td colspan="2">Teacher's talk</td><td colspan="2">Student's talk</td><td>Time</td><td>Materials</td><td>Com
ment</td></tr>
<tr><td>Introduction</td><td colspan="2">• Greetings
T: Hi, class!
T: How are you today?
T: Good~ How's the weather today?
(respond to students' response)</td><td colspan="2">
S: Hello, Teacher!
S: Good!
S: Sunny/ Windy/ Cloudy/ Cold</td><td>5'</td><td>Flag
Picture
Cards</td><td></td></tr>
</table>

Stages (content)	Teacher's talk	Student's talk	Time	Materials	Comment
	• **Review** T: Do you remember what we've learnt? T: (Show a Japanese flag card) Where are you from? T: (Show a Spanish flag card) Where are you from? T: (Show a Chinese flag card) Where are you from? T: (Show an American flag card) Where are you from? T: Bravo! You remembered them all!	S: Yes! S: I'm from Japan. S: I'm from Spain. S: I'm from China. S: I'm from the U.S.A.			
Development	• **Presentation** T: Today, we are going to learn how to say 'hello' in different languages. How do you say 'hello' in Korean? T: That is right! In Korea, you bow when you say "Annyeonghaseyo". Like this. (bow) Follow me! T: Annyeonghaseyo!(While doing so, teacher stick word cards on the board) T: Is there any other countries they bow? T: Yes, let's try it. Konnichiwa! (bow) T: Great! How about in English? When you say "Hello", what do you do?	S: Annyeonghaseyo! S: Annyeonghaseyo! S: Japan! S: Konnichiwa! S: Wave hands/ Shake hands	30'	Flag picture cards + Country word cards + Greeting word cards	

Stages (content)	Teacher's talk	Student's talk	Time	Materials	Com ment
	T: Yes, you shake hands. In Germany, you say "Guten tag". Can you guess how you greet?	S: Hug?			
	T: Good try. Look at me, what am I doing? (make kissing sound)	S: Bbo Bbo?! Kiss? Ew!(students try the greetings in pairs)			
	T: Yes, you kiss on the cheek and make a kissing sound! Let's try it with your friends!	S: 4!			
	T: Lovely! How many country did we learn so far? T: Which countries are they? T: Okay, then how about China?	S: Korea, Japan, the U.S.A, German! (some of the students guess and make Chinese greeting)		Prepared PPT	
	T: Oh, good! This is how you greet in China! Ni hao! Follow me. Ni hao!				
	T: Does anyone know how Spanish greets? No? nobody?	S: Ni hao!			
	This is how you greet in Spain. (Hug) Come on! Say "Hola" and hug your friends!	S: Hola!			
	T: Wow, you are very good! Let's look at the screen here. What can you see?	S: Flags!			
	T: That's right! can you match the right flag with right country and greetings?	S: Yes!!			

Stages (content)	Teacher's talk	Student's talk	Time	Materials	Comment
	T: First flag! Where are you from? 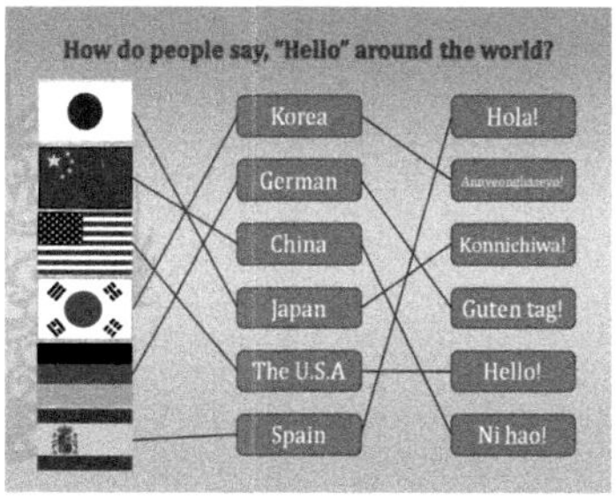 T: How do you say hello in Japanese? T: Great job! (Do some exercise with PPT)	S: I'm from Japan! S: Konnichiwa!			
Closing	T: Okay, we are done here today! Did you have fun? T: Lovely, we are going to do a role play next time. So, here's your homework. Research a little about the country you like. Again, Great job and See you next time~	S: Yes~~~ S: See you next time!	5'		

CHAPTER

06

스토리텔링 준비하기

6.1 스토리텔링이란 무엇인가?

스토리텔링은 이야기를 듣고자 하는 사람들에게 이야기를 들려주는 것이다. 이것은 큰 소리로 책의 이야기를 들려주거나, 책이 없는 오래된 구전 전통 이야기를 입으로 이야기를 해주거나, 일화나 농담을 하는 것일 수 있다. 모든 이야기꾼(storyteller)의 도전은 듣는 사람의 관심과 주의를 유지하는 것이다. 이야기를 하는 것은 책에서 읽든, 예전부터 들어왔던 이야기를 입으로 말해주든 그 사람의 개인적 특성과 성격을 드러낸다. 어떤 사람들은 타고난 이야기꾼이지만 대부분은 그렇지 못해 연습과 예행연습을 통해 그리고 이야기을 생생하게 전달하는 데 사용할 수 있는 다양한 기술(techniques)을 배움으로써 우리 모두는 훌륭한 이야기꾼이 될 수 있다.

6.2 동화 읽어주기(reading) 혹은 동화 말해주기(telling)

보통의 이야기는 교사가 소리 내어 읽어주는 이야기이다. 아이들을 위해 만들어진 책들은 이야기의 아름다운 모든 것이 제공되어 있어 교사의 많은 시간을 절약해준다. 그것을 교실에서 아이들에게 여러 번 읽어주다 보면 아마도 교사들은 그것을 기억하게 될 것이다.

대부분 교사는 책을 이용하여 이야기를 소리 내어 읽어주는 것이 기억력과 언어능력이 많이 요구되는 이야기를 암기하여 들려주는 것보다 덜 힘들 것이다.

책을 이용하여 이야기를 소리내어 읽을 때 교사는 책을 직접 보여주면서 더 자신 있게 이야기를 말 할 수 있으며, 함께 제공되는 삽화는 어린이의 이해를 돕는 데 중요한 역할을 하게 된다. 또한 책에 대한 아이들의 흥미를 발달시키는 데 도움이 된다.

6.3 스토리텔링 기술 향상하는 방법

이야기를 소리내어 읽는 것은 쉬운 일이 아니며 모든 교사는 많은 기술을 연습해야 한다. 여기에서는 스토리텔링 기술을 향상할 수 있는 일반적인 가이드를 소개하도록 하겠다.

(1) 준비하기

- **책과 삽화에 신체적으로 익숙해져라.**
  - 모든 아이가 교사와 책을 명확하게 볼 수 있도록 어떻게 앉을 것인지 방법을 결정하라.
  - 책을 어떻게 잡고 페이지를 넘길 것인지 결정하라.
  - 어떤 삽화나 세부 사항에 아이들의 주의를 집중시킬 것인지 결정하라.
  - 만약 아이들이 교사의 주변으로 둥그렇게 앉을 수 없다면, 아이들은 책상에 앉아 있고 교사는 모든 아이가 삽화를 잘 볼 수 있도록 서 있을 위치와 교실 주변을 어떻게 걸어 다닐 것인지 결정해야 한다.

- **교사는 읽어줄 동화책의 내용을 잘 알고 새로운 단어의 의미를 알 수 있도록 이야기를 먼저 읽어라.**
  - 교사는 어떤 식으로 책을 각색해야 할지 결정하라.
  - 질문에 답할 수 있도록 확실하지 않은 부분을 확인하라.

- **가능한 녹음된 오디오를 활용하여 이야기를 들어라.**

  이야기를 소리내어 읽을 수 있고 자신감을 높이는 데 도움이 된다. 카세트는 또한 문장 강세, 억양 패턴 및 리듬에 대한 특정 단어의 발음 가이드 역할도 해준다.

- **이야기를 나눌 위치를 결정하라.**
  이 스토리 노트는 이에 대한 지침을 제공하지만, 일부 구간의 길이를 변경할 수도 있다.

- **이야기에서 일시 중지할 위치를 결정하라.**
  아이들이 참여하도록 초대하기 위해 이야기에서 일시 중지(pause)할 곳을 결정한다.

- **이야기 속 삽화(그림)에 대해 아이들과 무엇을 이야기할 것인지 계획을 짜봐라.**

- **교사가 이야기가 쉽고 자신감을 가질 수 있을 때까지 여러 번 읽어라.**
  단어 하나하나를 읽지 않고도 이야기를 충분히 잘 알 수 있을 때까지 여러 번 읽어라.

6.4 스토리텔링 기술 사용하기

이야기 텍스트에 자신감이 생기면 아이들의 이해를 돕기 위해 사용할 수 있는 다양한 기술을 고려하라.

- **스토리텔링에 익숙하지 않다면 너무 많은 것을 요구하지도 않고 집중 시간을 과도하게 확장하지도 않은 짧은 책을 선택하라.**

- **가능한 아이들을 교사 주변으로 바닥에 앉혀라.**
  교사가 이야기를 읽을 때 아이들 모두가 교사를 잘 볼 수 있고, 이야기 속 삽화를 잘 볼 수 있도록 해줘라. 모든 아이가 교사의 목소리를 명확하게 들을 수 있도록 앉아 있는지 확인하라. 이것은 교사와 아이들이 이야기의 감동, 유머, 액션과 긴장감, 기대와 놀라움을 공유하는 스토리텔링을 특별한 이벤트로 만들 것이다. 이러한 방식으로 아이들이 이야기, 이야기꾼 및 상호 작용하는 자연스러운 의사소통 상황이 제공된다.

- **천천히 명확하게 읽어라.**

아이들에게 그림을 보고 생각하고, 질문하고, 의견을 말할 시간을 주어라. 그러나, 이야기의 속도를 높일 때 목소리의 속도를 변경하라.

- **삽화에 대해서 의견을 말하고, 아이들의 주의를 집중시킬 수 있도록 그림을 가리켜라.**

단어를 말하면서 동시에 삽화를 가리켜라. 아이들에게 삽화도 가리켜보도록 적극적으로 참여시켜라.

- **아이들이 스토리텔링의 핵심 어휘 항목과 구문에 참여하도록 권장하라.**

잠시 멈추고 질문하는 표정으로 아이들을 바라보고 귀에 손을 대고 그들이 참여하기를 기다리고 있다는 표시를 함으로써 교사는 아이들을 참여시킬 수 있다. 그런 다음 아이들이 말한 것을 반복하여 그들이 올바르게 예측했는지 확인하고 적절하다면 단어를 완전한 구나 문장으로 넣어 확장하라.

- **감정과 행동의 의미 전달을 돕기 위해 제스처, 마임과 얼굴 표정을 사용하라.**

기쁨, 슬픔, 흥분, 행복 등을 나타내기 위해 적절한 얼굴 표정을 지어야 한다. 교사가 동화를 읽어주는 것보다는 이야기를 들려주는 것이 아동들의 이해를 더 높일 수 있다. 그림, 인형, 마임, 음향효과, 모국어 등을 적절히 사용하여 아동들이 이야기를 쉽게 이해할 수 있도록 도와준다. 또한, 머리를 끄덕이거나, 손으로 큰 원을 그려서 커다람을 나타내거나, 무엇을 가리키는 등 이야기의 언어 내용에 맞게 몸짓해준다. 하지만 교사의 과장된 몸짓은 아동들이 이야기의 내용 파악보다는 교사의 몸짓에만 신경을 집중하게 되므로 피하는 것이 좋다.

- **주인공에 알맞은 목소리를 구사하라.**

  슬픔을 표현할 때는 목소리를 낮게, 분노나 기쁨을 표현할 때는 목소리를 높고 강하게 한다. 이야기의 전개가 정점에 다다르면 목소리를 낮게 하여 오히려 극적 효과를 갖는다.

- **목소리의 속도, 톤 및 볼륨을 변경하라.**

  이야기 속도는 아이들이 이야기를 들으며 그림을 보고 생각할 수 있는 정도로 하며 정점에 다다르면 천천히 읽어서 분위기를 고조시켜라. 등장인물이 화가 나 있을 때는 속도를 빠르게 하여 분노의 정도를 전달해 준다. 긴장감을 위해 속삭일 건가요?, 놀라움의 요소를 위해 목소리를 높일 것인가? 이와 같은 기술들은 아이들에게 어떤 일이 일어날 것이라는 신호를 줄 것이다. 아이들이 이야기의 흐름을 파악하고 있는지 관찰해라.

- **적당한 곳에서의 멈춤(pause)은 극적인 효과를 추가하거나, 아이들이 듣는 것과 본 것을 연관시키고 삽화의 세부 사항을 융화할 시간을 준다.**

  이야기 시작과 결론 전에, 이야기가 정점에 다다르기 직전에 극적 효과를 살리기 위해 잠깐 멈추는 것이 필요하다. 아이들이 사건을 추측하고 예상할 시간을 주어 교사와 아동들은 이야기가 주는 의미를 공유하게 된다.

- **다른 등장인물이 말할 때 신호를 보내고 의미를 전달하는 데 도움이 되도록 최대한 목소리를 위장하라.**

  이것은 아이들이 동화를 들을 때 주의를 집중시키고 다양한 목소리를 모방하는 것을 좋아할 것이다.

- **적당한 곳에서 음향효과를 넣어라.**

- **아이들과 눈을 맞춰라.**

아이들의 감정을 읽어가며 아이들이 계속 이야기에 몰입할 수 있도록 도와준다. 아이들에게 이야기를 큰 소리로 읽어주기 전에 필요한 준비와 예행연습을 완료했다면 이것이 가능하다. 책만 보고 읽거나, 목에 힘을 주거나, 눈을 아래로 보는 것을 하지 말아라. 모든 아이를 보고 그들의 반응을 관찰하고 그들에게 반응할 준비를 하라. 그림이 아이들을 향하고 텍스트가 교사를 향하도록 일부 책을 반으로 접을 수 있다.

- **아이들과 관련이 있는 적당한 곳에서 이야기를 나누어라.**

예를 들어 동물 이야기, 책이면 강아지나 고양이를 가졌는지? 기르는 동물은 무슨 색깔인지? 이름은 무엇인지? 등

- **아이들을 참여시키기 위해 질문하기.**

다음 무슨 일이 생길 것 같은지 너희들이 생각해봐라. 만약 너라면 어떻게 했을 것 같아? 등

- **같은 책을 반복해서 읽어주는 것에 대해 두려워하지 마라.**

이것은 언어에 노출될 기회를 늘려주는 것이고, 아이들에게 두 번째 혹은 세 번째 의미를 알아내고 확인할 수 있는 기회를 주는 것이다. 아이들에게 그림을 보여주기 위해 교실을 돌아다닐 필요가 있다면, 문장을 다시 반복해서 말해줘라.

아이들은 이야기를 반복해서 듣는 것을 즐기므로 가능한 한 자주 이야기 또는 그 일부를 읽도록 하여 아이들이 영어를 자주 듣게 하라. 오디오 CD가 있다면 이야기를 반복해서 들려주면 아이들의 학습을 강화하는 데 도움이 된다.

6.5 이야기꾼(storyteller)으로서의 자기 평가 방법

앞서 언급했듯이, 스토리텔링(storytelling)은 리허설이 필요하다. 스스로 자신감을 키우고 어느 부분을 개선해야 하는지를 확인하려면 아래의 질문을 점검해보세요.

- 아이들에게 들려줄 이야기의 오디오 CD나 카세트가 있다면 어떻게 이야기를 읽어주는지 들어봐라.
- 여러 차례 이야기를 큰 소리로 읽어보는 연습을 해라.
- 아이들에게 이야기책을 읽어주는 것을 상상하면서 스스로 녹음을 해봐라.
- 본인이 녹음한 것을 듣고 스스로 평가해봐라.
- 스스로 평가하기 질문은 다음과 같다.
  - 발음(pronunciation) : 모음이나 자음에 문제가 있는가?(f&p / B&V….)
  - 강세(stress): 개별 단어의 강세, 문장의 강세에 문제가 있는가?
  - 리듬(rhythm): 내가 너무 천천히 혹은 너무 빠르게 읽는지? 적당한 곳에서 일시정지(pause)는 하는지?
  - 억양(intonation): 나의 이야기가 재미있게 혹은 지루하게 들리는지? 적절한 곳에서 나의 억양의 변화를 주었는지? 나는 의문문, 평서문, 여러 가지 물건들의 이름을 나열하는 문장 등과 같은 다양한 문장에 적당한 억양을 사용했나?
  - 변화(variation): 적절한 곳에서 내 목소리의 속도와 볼륨을 변경했나요?
    다양한 등장인물들을 위해 내 목소리를 충분히 거기에 맞게 각색했나요? 만약 할아버지가 등장할 때 할아버지 목소리로 각색, 아빠 목소리, 엄마 목소리, 왕자, 공주 목소리, 인어공주 이야기면 공주와 마녀 등 아이들의 이야기책에는 많은 동물이 등장하는 경우가 많으므로 각 동물에 어울리는 목소리(여우, 소, 개구리, 돼지, 강아지….)로 각색

- 아이들의 참여(pupil participation): 적당한 곳에서 멈추고 적절한 억양을 사용하여 아이들이 참여하도록 했는가? 다음 페이지에서 어떤 일이 벌어질 것 같은지 예상해보도록 아이들을 격려하는 질문을 했는지?
- 일반적 인상(general impression): 내가 들려주는 이야기가 어떻게 들렸는지, 일반적, 명확하게(clear)? 표현과 표정이 풍부하게(expressive)? 생생하게(lively)?
- 어떤 부분을 개선 혹은 집중할 필요가 있는가?

다음 동화를 이용하여 나도 훌륭한 스토리텔러가 되기 위한 연습을 해보자.

The Ugly Duckling

One day Mother Duck laid many eggs.
The little ducklings came out of the eggs.
One was very big.
"Oh, my! You're so big and ugly."

Mom and the little ducklings were playing in the water.
The ugly duckling wanted to join them.
"Can I play with you?"
"No, You're big and ugly."
"We don't like you."
"Go away!"

The Ugly duckling met a hen.

"You're big and ugly. Go away!"
He was sad.

The Ugly duckling met a dog.
"You're big and ugly. Go away!"
He was sad.

It was cold winter.
The ugly duckling met a rabbit.
"You're big and ugly. I don't like you. Go away!"
He was very sad.

Spring has come.
The ugly duckling met a swan.
"Oh! You're so beautiful!"

The ugly duckling looked into the water.
He saw a beautiful swan.
I'm not an ugly duckling.
I'm a swan.

The Three Little Pigs

The three pigs wanted their own houses.
"I'll build my house with straw."
"I'll build my house with wood."
"I'll build my house with bricks."
Soon they finished their houses.

A wolf came to the first little pig's house.
"Little pig, little pig, open the door."
"No, never!"
"I'll blow down your house!"
The wolf blew down the house.
The first little pig ran to the second little pig's house.

The wolf came to the second little pig's house.
"Little pig, little pig, open the door."
"No, never!"
"I'll blow down your house!"
The wolf blew down the house.
The two little pigs ran to the third little pig's house.

The wolf came to the third little pig's house.

"Little pig, little pig, open the door."

"No, never!"

"I'll blow down your house!"

But the house didn't fall down.

The wolf was very angry.

"I'll come down your chimney and eat you up!"

The little pigs were making some soup.

The wolf came down the chimney into the hot soup.

The three little pigs lived happily ever after.

(출처: StoryFfriends_unibooks)

CHAPTER 07

영어 동화를 활용한 지도 과정

동화를 이용한 영어 수업 시 아이들을 이끌기 위해 동화를 읽어주거나 들려주는 활동만 하는 것이 아니라 동화를 듣고 학습자들이 얼마나 잘 이해하고 있는지 알아보고, 동화에서 다루어진 언어 내용을 내재화시키기 위한 여러 가지 활동을 해야 한다. 일반적으로 동화 학습의 수업 절차는 동화 읽기 및 말하기 '전' 과정, '중' 과정, '후' 과정으로 나누며 각 단계에 필요한 활동들로 진행된다(강혜정, 2002; 김영미, 1999; 정동빈, 2005; Wright, 1995).

7.1 동화 읽기 전 활동

동화를 읽어주거나 들려주기 전 단계는 아이들이 그림책을 보고 듣기를 위한 준비의 시간이다. 아이들은 동화책 읽기와 이야기 듣기에 집중하기까지는 어느 정도 시간이 걸린다. 그러므로 이를 위해 교실의 전체적인 분위기 조성 및 동기유발, 새로운 단어 제시 등이 필요하다. 무엇보다도 자연스러운 수업 분위기를 조성하기 위해서는 미리 동화 학습을 위한 자리를 만들어 아이들이 이야기에 집중할 수 있게 해야 한다.

수업 분위기가 조성된 후 교사는 아이들에게 이야기에 관한 이해를 높이기 위해 학습자의 사전 지식을 끌어내고 이야기에 대한 여러 가지 배경지식을 제공해 준다. 다시 말해 동화에 대한 브레인스토밍 과정을 진행한다. 어떤 동화가 전개될 것인지 먼저 겉표지와 제목을 보면서 내용을 추측해 보거나 이야기와 관련된 단어의 개념 알아보면서 그 동화에 대한 의미를 설정해 보고 아이들이 이야기를 들을 수 있도록 돕고 동기, 목적을 형성할 수 있도록 하며 어떤 이야기가 전개될지 궁금하게 만들어 호기심을 유발하여 동화 읽기 및 듣기 활동의 극대화를 만들어 준다.

'동화 읽기 전' 지도 과정에서는 다음과 같은 사항들이 진행되면 좋다.

• 이야기의 흐름에 꼭 필요한 단어 및 새로운 단어들을 소개한다.

문맥 안에서 단어의 뜻을 알 수 있도록 미리 브레인스토밍한다. 이야기를 읽어줄 때 어려운 낱말로 인해 이야기의 줄거리를 놓치거나 이야기에 대한 흥미를 잃어버려서는 안 되기 때문에 새로운 단어나 필요한 단어는 미리 소개하는 것이 좋다.

• 동화의 내용에 대한 배경지식을 제공해 준다.

동화의 내용에 대한 사전 지식이 있으면 내용을 쉽게 이해할 수 있으므로 내용 파악과 영어 학습을 함께하는 어려움을 줄일 수 있다. 동화에서 사용된 주제를 중심으로 브레인스토밍을 하면서 아이들은 주제와 관련된 여러 가지 지식을 미리 인식하게 되어 동화책 읽기에 대한 흥미와 관심도 있게 되고 이해도도 증가하게 된다.

듣기/읽기 전 학습활동은 다음과 같다(김영미, 1999; 안정주, 2013; Wright, 1995).

① 이야기 추측하기(Predicting)

picture walking이라고도 말하며 동화책의 앞, 뒤표지와 책의 그림을 아이들에게 보여주면서 어떤 이야기가 나올지 추측해 보고 이야기해보는 활동을 말한다.

② 의미적 지도 그리기(Meaning Map)

이야기의 대강을 파악하고 추측해 볼 수 있게 한다. 이야기의 제목이 적힌 표지를 아동들에게 보여주고, 어떤 내용일 것 같은지 표지를 보고 아는 단어가 있는지 말해보게 하고 본문에서 어떤 어휘들이 사용되었을지 생각해보도록 한다.

교사와 아이들의 질의응답과 같은 상호작용을 통해서 의미적 지도 그리기를 완성해 간다. 이 활동을 통해 아이들은 교사의 질문을 이해해야 하므로 듣기 활동, 질문에 대답해야 하는 말하기 활동, 그리고 교사가 칠판에 쓴 단어를 읽게 되므로 읽기 활동을 할 수 있다.

준비물은 화이트보드, 마커, 이야기책이 필요하다. 나이가 어린 아이들은 교사와 아이들이 함께 진행하지만, 초등학생들인 경우는 조 별로 진행할 수 있다.

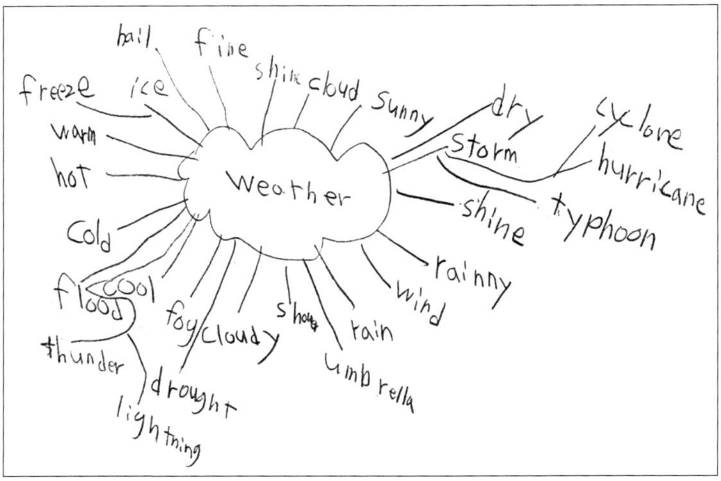

③ 경험 이야기 나누기(Sharing Experience)

아이들이 책의 내용과 관련된 것에 대해 비슷한 경험을 해 본 적이 있거나, 이와 유사한 그림책을 보았거나 들어봤던 경험이 있는지 교사와 아이들이 함께 이야기를 나눠본다. 예를 들면 에릭 칼(Eric Carl)의 'Have you seen my cat?'처럼 잃어버린 고양이를 찾아 전 세계를 여행하며 다양한 사람과 동물들을 만나는 이야기처럼 우리 반 아이들도 이러한 비슷한 경험이 있었는지? 본인도 엄마를 잃어버린 경험이 있었는지? 만약 그런 비슷한 경험이 있었다면 어디에서 엄마를 잃어버렸었는지? 그래서 어떻게 엄마를 다시 만나게 되었는지 등 또는 애완동물 고양이를 기른다면 무슨 색깔인지? 이름은 무엇인지 등 다양한 이야기 나누기를 통해 아이들은 자신의 배경지식을 활용할 수 있게 된다. 이 활동은 배경지식 활용하기(activating background knowledge)라고도 한다.

④ **그림 활용하기(Pictures)**

이야기에 사용되는 어휘 중 새롭게 소개할 단어를 선정하고 그것을 아이들에게 이해시킬 수 있을 만한 그림 자료를 교사가 직접 그리거나 인터넷에서 찾거나 혹은 그림책 속 삽화를 복사하여 그림 카드를 만들 수 있다. 이때 그 카드 뒷면이나 하단에 영어 단어를 쓴다. 물론, 시중에 판매하는 플래시 카드가 있다면 그것을 손쉽게 사용하면 된다. 교사는 아이들에게 그림을 먼저 보여주고 단어를 영어로 말해보게 한 후 그 그림에 맞는 단어를 찾아 연결해 보도록 한다.

⑤ **그림 카드와 단어 카드 연결하기(Find the Picture for Each Word)**

위의 4번 활동에 이어 같은 그림 카드와 단어 카드를 사용한다. 단어 카드를 클립에 하나씩 끼우고 나무젓가락에 자석을 매단 후 간단한 낚시 놀이(fishing game) 게임을 할 수도 있고 자석 칠판이나 융 칠판에 단어 카드를 아이들 나이에 알맞게 3~4개 붙여놓은 후 아이들에게는 파리채를 주어 교사가 보여주는 그림 카드에 해당하는 단어 카드를 파리채로 빠르게 쳐보도록 하는 파리채 게임

(fly swatter game) 같은 것을 활용하면 재미있게 단어를 익힐 수 있다. 혹은 각자 테이블 위에 그림 카드를 펼쳐놓은 후 교사가 말하는 단어 카드를 찾거나 반대로 테이블 위에 단어 카드를 펼쳐놓고 교사가 보여주는 그림 카드를 찾아 교사에게 보여주도록 한다. 나이 혹은 복습 횟수에 따라 게임을 달리 진행해 본다. 이렇게 그림/단어들을 모아두면 추후 그림 사전(picture dictionary)이 만들어진다. 이 활동은 영어 문자에 대한 인식도 및 단어의 의미에 대한 이해도를 높이기 위해 사용할 수 있는 학습활동이다.

⑥ 판토마임(Pantomime) 혹은 마임(Mime)

이야기 속에 나오는 단어 중 행동, 감정, 상태를 나타내는 단어는 교사가 몸으로 표현하고 아이들에게 그 단어를 알아 맞춰보도록 한다. 얼굴 표정이나 몸짓으로 단어가 설명되므로 아이들은 그 단어를 쉽게 인식하고 기억하게 된다.
예를 들면

'Henny Penny' *Where are you going?*

(오른손을 이마 위에 올리고 고개를 왼쪽에서 오른쪽으로 지나가기)

The Sky is Falling.

(하늘이 무너지고 있어; 오른손 집게손가락으로 하늘을 가리킨 뒤 양손을 위에서 아래로 흔들면서 무너지는 모양을 나타내기)

I must go(걸어가는 흉내 내기) *and tell the king*(말하는 모습 흉내).

May I go with you?

(내가 너랑 함께 갈 수 있는지 흉내 내기; 나를 가리키고 양팔을 흔들며 상대편 가리키기)

혹은 *'The Itsy Bitsy Spider' The itsy bitsy spider went up the waterspout.*

양손의 엄지손가락과 집게손가락을 한 번씩 교차로 위로 올리며 모션과 함께 노래를 불러보는 것도 좋다.

⑦ 무엇이 없어졌을까(What's missing?)?

교사는 칠판에 그림 카드 혹은 단어 카드를 3~4개 붙여놓는다. 아이의 나이에 따라 카드 숫자를 늘린다. 그다음 아이들에게 눈을 감도록 한 후 빠르게 한 장의 카드를 칠판에서 떼낸다. 그다음 아이들에게 눈을 뜨게 한 후 What's missing? 어떤 단어가 없어졌을까요? 하고 물어본다. 아이들은 없어진 단어 하나를 말한다. 이 활동을 통해 아이들은 이야기 속 어휘에 대한 학습을 자연스럽게 익힐 수 있고 집중력도 기를 수 있다.

⑧ 집중 게임(Concentration Game)

같은 그림 카드와 단어 카드를 10~12장 정도 준비한다. 초등학교 고학년 일 경우는 그림 카드보다는 영어 단어 카드와 그 영어 단어에 해당하는 한글 카드를 연관시켜서 하면 좋다. 모둠별로 한 세트씩 주고 책상 위에 모든 단어 카드를 뒤집어 놓도록 한다. 게임의 순서을 정한 뒤, 이긴 사람이 두 장의 카드를 골라 뒤집는다. 카드가 일치하면 가져가고 일치하지 않으면 원래대로 뒤집어 놓는다. 게임을 모두 마친 후 가장 많은 카드를 가진 사람이 이긴다.

⑨ 그림/단어 알아맞히기 게임

종이와 필기도구를 미리 준비하고 교사가 말해준 단어를 스케치북에 그림으로 그리게 한 후 전체 아이들은 그 친구가 그린 그림을 보고 무슨 단어인지 알아맞히기 게임이다. 이를 통해 아이들은 언어능력뿐만 아니라 표현력과 창의력을 향상시킬 수 있다. 모둠별로 4~5명씩 돌아가면서 게임을 진행해본다. 그림을 보고 알아맞히는 제한 시간은 짧게 준다. 혹은 단어 맞추기 게임은 빠르게 지나가는 단어를 알아맞히는 게임으로 아이들의 집중력을 요구하며 아이들의 흥미와 동기를 자극하며 점진적으로 자기 주도적인 읽기 능력과 사고력, 문제해결 능력의 향상을 키울 수 있다.

⑩ 노래하기

이야기와 관련된 내용의 노래를 부르면서 아동들의 흥미를 유발하고 즐겁게 수업에 참여하여 자연스럽게 주제를 접할 수 있다. 전(before) 단계에 부르게 될 노래는 쉽고 이미 아이들이 아는 노래를 선곡하거나 동화 속 내용을 노래로 만든 곡을 소개하며 관심과 흥미를 끄는 것도 좋다.

7.2 동화 읽기 중 활동

본격적으로 이야기를 들려주는 과정으로 아이들과 시선을 맞추거나 보조 자료를 활용하여 이야기의 내용을 추측하게 하여 아이들을 이야기에 참여시키는 것이 가장 중요하다.

Wright(1995)는 이야기 학습 중 아동의 참여를 이끌어내기 위해 다음과 같은 활동들을 제시하였다.

첫째, 적절한 시기에 중지해서 다음에 무슨 일이 일어날 것 같은지 물어본다.

둘째, 이야기하면서 아이들의 개인적 반응을 끌어낸다.

셋째, 함께 말하기 활동이나 신체 표현, 챈트 등의 활동으로 이야기에 직접 참여하도록 한다.

넷째, 이야기를 진행하면서 학습자가 어느 정도 이야기를 이해하고 있는지 확인한다.

또한, 아동들은 교사가 읽어주거나 들려주는 이야기를 들으며 자신이 동화를 듣기 전 궁금했던 질문에 답을 찾기도 하고, 예상하고 추측했던 것이 맞는지 확인하는 작업을 통해 아이들의 흥미와 동기를 유발할 수 있다. 그러므로 교사는 아이들이 동화책을 읽거나 들으면서해야 할 정확한 활동 목적이 무엇인지 미리 알려주므로 아이들도 본인들이 해야 할 알맞은 학습 전략을 사용하여 동화책을 듣게 되므로 학습이 훨씬 수월해진다.

예를 들면 이야기를 듣기 전 만들어진 '체크 리스트'를 나눠주고 이야기를 들으면서 체크해 보도록 하거나 이야기 전반적인 이해도를 점검하기 위해 참/거짓(true/false) 질문이나, 혹은 이야기 속 전개 과정을 유추할 수 있는 '이야기 잇기' 등과 같은 활동을 동화 듣기 '중' 활동으로 할 수 있다.

그리고 이야기를 하는 중간에 멈추고 아이들의 이해를 돕기 위한 질문을 하거나 다음에 전개될 이야기의 내용을 추측하게 하기도 한다. 상황에 따라 이야기를 여러 번 할 수도 있는데 이때는 교사가 아이들에게 다른 과업을 제시하거나 함께 읽거나 들으면서 수업에 집중하도록 돕는다.

듣기/읽기 중 학습활동은 다음과 같다(김영미, 1999; 안정주, 2013; Wright, 1995).

① 이야기 중 질의응답

이야기의 이해도를 확인하기 위해 이야기를 읽어주거나 혹은 말해주다가 적절한 때 이야기을 잠시 멈추고 다음에 어떤 일이 일어날 것 같은지 아이들에게 물어봐 이해도를 점검해 본다. 영어가 아닌 모국어로 답을 말할 수 있으며 이야기에 대한 이해가 잘 되어 있지 않다면 지금까지 읽어주거나 말해준 이야기를 다시 한번 정리해준다. 지나치게 많은 질문을 하거나 대답을 강하게 요구하면 수업의 흐름을 깨뜨릴 수 있으므로 조심해야 한다.

② 그림 떠오르기(Pictures in the mind)

교사가 이야기를 들려주다가 아이들에게 눈을 감으라고 하고 이야기에 대한 장면을 마음속으로 그려보도록 한다. 머릿속에 떠올린 그림을 함께 이야기 나눠본다. 이 활동을 통해 아이들은 상상력을 키울 수 있고 이야기를 내면화 시킬 수 있다.

③ 이야기 순서 맞추기(Story sequencing)

동화책 속 장면들이 나오는 그림을 그림 카드로 만든 후 칠판에 순서에 상관없이 붙여놓는다. 교사가 이야기를 들려주면서 들은 이야기 속 장면에 해당하는 그림을 찾아 칠판에 순서대로 붙여가며 이야기의 흐름을 이해시켜 나간다. 아이들의 영어적 수준에 따라 그림 카드 대신 문장 카드로 대신할 수 있다. 아이들은 이야기 순서에 맞게 그림/문장에 맞게 배열하게 된다.

④ 진실 게임(True or False)

이야기의 한 부분을 동화 속 내용과 다르게 말한다. 아이들은 교사가 말한 문장이 진실인지 거짓인지 찾아낸다. 아이들은 듣고 O, X 표시를 하거나 혹은 True or False 카드를 든다.

예를 들면:

Ugly Duckling(미운 오리 새끼): One day mother duck laid many eggs.

→ One day daddy duck laid many eggs.

아이들은 교사의 말을 잘 듣고 동화 속 내용과 다르면 모두 양손으로 X 표를 만든다. 혹은 True or False 카드 중 하나를 선택해서 든다. 또는 활동지를 만들어 나눠주고 표시하도록 한다. 그리고 교사가 어디를 잘못 말했는지 찾아 말해보도록 한다.

⑤ 이야기 잇기

이야기 들려주는 중, 혹은 이야기가 다 끝났을 때 이야기에 나오는 상황에 대한 아이들의 자신의 이야기를 들어본다.

'The Very Hungry Caterpillar'에서
On Monday he ate through one apple. But he was still hungry.
On Tuesday he ate through two pears, but he was still hungry.
On Wednesday he ate through three plums, but he was still hungry.
....,

만약 내가 애벌레였다면 나는 요일별로 어떤 음식을 먹을지 말해보도록 한다. 이야기가 끝난 후 아이들은 각자 음식 그림을 그린 후 발표해보도록 한다.

⑥ 이야기 마임(mime stories)

교사가 이야기를 들려주면서 이야기 내용을 행동으로 표현해본다. 아이들은 교사의 행동을 보고 따라 하면서 의미를 익히게 된다. 그다음 이야기를 들려줄 때는 교사는 행동하지 않고 아이들만 행동으로 표현해보도록 한다. 이때 이야기는 행동으로 나타낼 수 있는 이야기를 고르는 것이 좋다.

예를 들면

We're going on a bear hunt.

(*Retold by Michael Rosen, Illustrated by Helen Oxenbury*)

We're going on a bear hunt.

(곰 사냥하러 가는 흉내 내기; 양팔을 앞뒤로 힘차게 흔들며 걷기)

We're going to catch a big one.

(양손으로 큰 곰을 잡는 흉내 내기; 양손 주먹을 앞으로 쭉 폈다가 웅크리며)

What a beautiful day!

(어깨를 으쓱하며 눈을 감고 고개를 양쪽으로 흔들기)

We're not scared.

(양손으로 무서운 표시 하며 고개 양쪽을 흔들기)

Uh-uh! Grass!

(양쪽 어깨 들었다 내리기)

We can't go over it. We can't go under it.

(고개 흔들며 양팔 흔들며 걸어가는 자세를 하다가 오른손 위(over)로 올리기 /오른손 아래(under) 표현하기)

Oh no! (입으로 오~ 양손 X 표시하기)

We've got to go trough it! (그냥 걸어가는 모습)

Swishy! swashy! Swishy! swashy! Swishy! swashy!

(풀숲을 헤쳐 지나가는 모습 등)

A deep cold river….

Splash splosh! Splash splosh! Splash splosh! (강을 건너는 모습)

....

계속해서 곰을 찾으러 사냥하러 가는 다양한 환경에 대한 표현을 의성어로 들으며 아이들과 온몸으로 표현을 해 본다.

Eric Care의 '*From Head to Toe*' 책을 들으며 아이들과 온몸으로 표현해보는 것도 좋다.

I am a penguin. (펭귄 흉내)

and I turn my head. (고개를 오른쪽으로 돌리기)

Can you do it? (양손을 앞으로 내밀려 아이들에게 너희도 할 수 있니?)

I can do it!

(고개를 끄덕이며 '나도 할 수 있다' 표현하기 / 양손의 주먹을 앞으로 내밀며)

I am a giraffe. (목을 길게 늘어트리기) and I bend my neck. (목을 아래로 숙이기)

Can you do it? (양손을 앞으로 내밀려 아이들에게 너희도 할 수 있니?)

I can do it. (고개를 끄덕이며 '나도 할 수 있다' 표현하기 / 양손의 주먹을 앞으로 내밀며)

..... 계속해서 다양한 동물의 흉내와 신체 표현해보기(TPR 활동 게임)

I raise my shoulders. I wave my arms. I clap my hands.

7.3 동화 읽은 후 활동

교사가 읽어주거나 말해주는 동화를 모두 듣고 난 후 아이들이 얼마나 이야기를 이해했는지 이야기의 내용을 확인하고 다양한 활동들을 학습자가 재구성하여 이야기를 다시 들려주는 활동이 필요하다. 예를 들면 이야기의 내용을 확인하기 위해서는 내용에 관한 간단한 질문을 하거나 선다형 문제들을 풀면서 부분적인 글의 이해도를 평가하는 것과 전체적인 이해도를 측정하기 위해서 글의 요약문 작성, 글을 읽고 배운 내용들을 활용하여 글이나 그림을 그리도록 하여 무엇인가 창조할 수 있는 활동(연극, 놀이, 미술, 음악 등)의 기회를 제공해준다. 좋아하는 장면에 관해 이야기 장면을 회상할 수 있도록 잘못된 그림을 찾아내거나 이야기 속의 상황을 추측하는 활동도 바람직하다.

또한, 이야기에서 다뤄진 주제나 어휘 중 하나를 선택하여 심화된 학습으로 연결할 수도 있고 이야기의 이해를 바탕으로 자신의 느낌이나 의견을 말하거나 다른 친구들의 생각과 의견을 나누면서 다양한 경험을 통해 사고력을 확장시켜 줄 수 있다.

이와 같은 활동 외에도 소도구를 이용하여 자유롭게 이야기 속의 대화를 연출해 보는 비형식적인 역할극이나 인형극을 꾸며 볼 수도 있고, 다양한 미술도구를 이용하여 그 이야기 속 특정 장면이나 등장인물을 형상화해 보는 것이나 아이들 스스로 간단한 책 만들기 활동을 통해 이야기를 학습자 개인마다 의미 있는 활동으로 받아들이게 되어 이야기의 내면화에 효과적일 것이다. 혹은 비슷한 다른 동화들을 소개해주고 관심 있는 아이들에게 읽어 보도록 권유하는 방법도 있다.

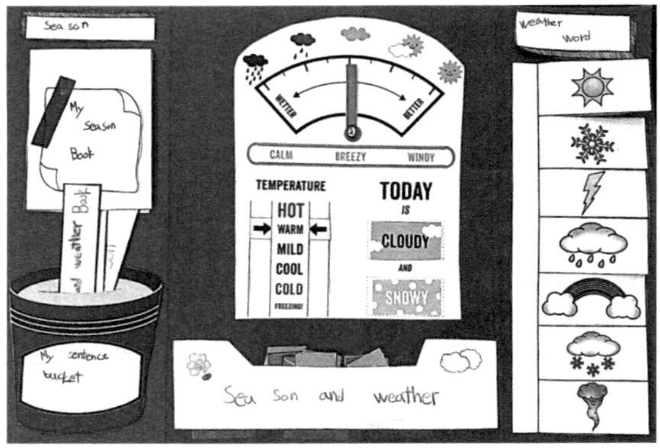

듣기/읽기 후 학습활동은 다음과 같다.

① Pop-up Book 만들기

일반적으로 시중에서 판매하는 Pop-up book을 아이들이 읽은 동화책 내용을 이용하여 직접 만들어 보는 것이다. 이를 통해 아이들은 영어표현을 내 것으로 만드는 내재화 작업 및 본인이 만든 책을 여러 번 읽으며 반복 연습할 수 있는 기회도 생기고 미술 활동을 통한 통합 교육적 효과도 함께 얻을 수 있다. 나이와 수준에 따라 다양한 Pop-up book을 만들 수 있는데 교사가 시범적으로 종이를 자르고, 접어서 만들어 보여준다. 초등학생들은 모둠으로 한 권의 책을 만들어 보도록 한다. 각자 한 개씩 만든 것을 연결하면 1권의 책으로 완성되므로 팀워크도 좋아진다. 다 만든 책은 한 명씩 혹은 모둠별로 앞으로 나와 발표해보도록 한다.

예를 들면 *Brown Bear, Brown Bear, What Do You See?*

책을 활용하여 다양한 색깔과 동물을 한 명씩 만든 후 모으면 멋진 한 권의 Pop-up book이 완성된다.

> Brown bear, brown bear, what do you see?
> I see a red bird(yellow duck, blue horse, green frog….) looking at me.

아이들이 만든 Pop-up Book; What Do You See? 샘플

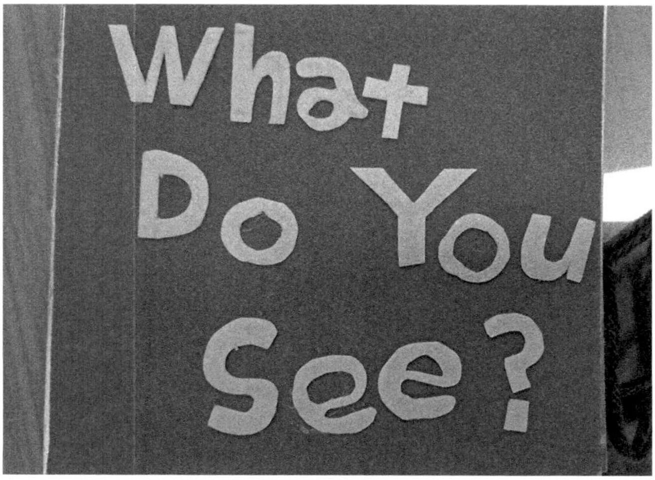

시중에 판매되는 Pop-up book

② 주사위 게임

재미있는 주사위 놀이를 통해 아이들은 이야기 속 다양한 영어표현들을 연습하고 심화학습 할 수 있다. 이를 위해서는 게임판을 준비하고 모둠별로 앉아 주사위를 던져 나온 숫자만큼 이동한 후 그 자리에 해당하는 질문에 답을 하고 말을 놓아 도착점까지 먼저 도착한 팀이 이기게 되는 게임이다.

예를 들면 '*The Very Hungry Caterpillar*'의 'Caterpillar game'

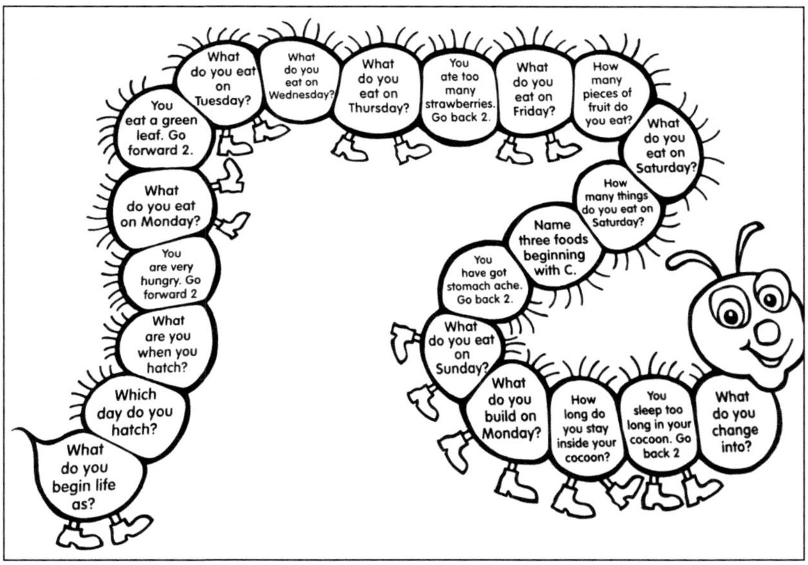

참고도서 Tell it Again! (Ellis and Brewster, 2002)

③ 챈트나 노래를 활용한 스토리텔링

챈트나 노래를 사용하여 스토리텔링을 반복 학습할 수 있다. 똑같은 방법으로 매번 반복 학습을 하게 되면 아이들이 지루해하므로 챈트가 있는 동화를 반복 학습하면 덜 지루하고 이때 다양한 재활용 악기를 만들어 사용하면 더욱더 재미있고 흥미 있다. 재활용 악기는 야쿠르트 병에 모래나 콩을 넣은 후 챈트할 때 흔들기 혹은 플라스틱 음료수병에 다양한 종류 및 색깔의 콩(완두콩, 병아리콩, 서리태, 등) 담아 흔들기, 쌀, 모래 혹은 마카로니 등을 넣어 흔들면서 영어 문장을 반복 학습할 수 있다.

대표적으로 *Tody is Monday!* 혹은 *We're Going on a Bear Hunt.*

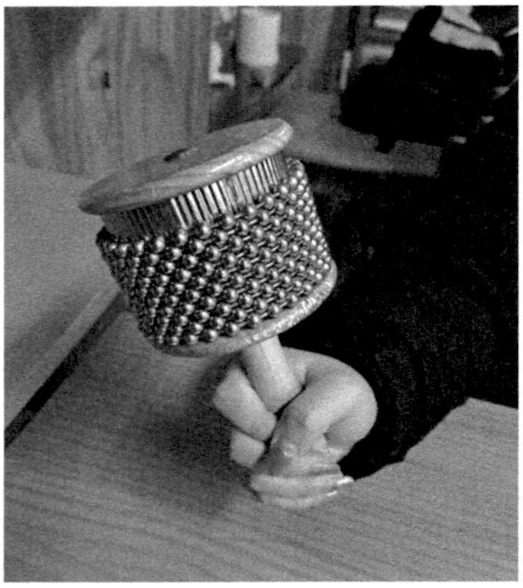

④ 판토마임(무언극)을 활용한 스토리텔링

아이들에게 이야기책을 읽어줄 때는 교사는 사실적 표현을 위해 다양한 제스처나 모션 등을 사용한다. 교사가 이야기를 말해줄 때 아이들이 본인이 이해한 단어를 제스처나 모션 등으로 표현해보도록 한다. 아이들은 이 활동을 통해 능동적 학습 참여가 가능하여 학습 동기를 높여줄 수 있으며 반복 학습을 가져올 수 있다. 위의 동화 중 활동 중 이야기 마임과 같은 활동이라고 볼 수 있다. 동화 중 활동에서는 교사가 이야기를 읽어주면서 몸동작을 같이하는 것이라면 동화 후 활동에서는 교사가 이야기를 들려줄 때 아동들만 몸동작하도록 하는 것이다.

⑤ 그림 직소 읽기(Picture Jigsaw Reading)

직소 읽기 활동을 하기 위해 교사는 먼저 활동지를 만들어야 한다. 이야기 속 그림과 문장을 각각 만든 후 잘라서 모둠별로 나눠준다. 아이들은 모둠별로 협력하여 이야기 순서를 기억하며 그림과 문장을 찾아 순서대로 맞추어 가는 활동이다. 이 활동은 유아는 어렵지만, 초등학교 읽기 학습이 가능한 단계에 적용할 수 있다.

⑥ 빈칸 채우기

이 활동도 초등학교 읽기 학습이 가능한 학습자를 대상으로 이야기 전체, 일부의 문장을 사이사이 빈칸을 만든 활동지를 아이들에게 나눠주고 작성해 보도록 한다. 아랫부분에 보기의 예시를 주는 것도 좋다. 아이들 스스로 할 수도 있고 혹은 교사가 도움을 줄 수 있다. 빈칸에 들어갈 단어 혹은 간단한 문장을 이야기 시켜보고 다시 말해보도록 하여 아이들의 생각을 정리해준다. 혹은 교사가 이 활동을 하기 전에 칠판에 전체 문장을 적은 후 사이사이 한 단어씩 중요한 어휘부터 지워가면서 아이들의 기억을 상기시켜준다.

⑦ 이야기 지도 그리기

이야기 순서를 지도로 그려보는 학습활동이다. 이야기에서 전개되는 한 두 개의 사건을 제시해주고, 다음 이야기의 전개를 적어 보도록 하거나, 교사가 이야기의 내용을 그림으로 그려 순서에 상관없는 활동지를 만든 후 아이들이 이야기 순서대로 번호를 쓰게 하거나 줄로 이어서 이야기를 다시 한번 상기시켜주는 활동이다. 모둠으로 하거나 혹은 개별적으로 이 활동을 할 수 있고 전체 이야기를 들으며 본인이 정리한 이야기 순서가 맞는지 확인해보도록 한다.

⑧ 특정 장면 그려보기

이야기가 끝난 후 아이들에게 이야기 속에서 가장 기억에 남는 장면을 그려보게 하거나 써 보도록 한다. 그리고 앞으로 나와 친구들 앞에서 발표해본다.

⑨ 이야기 만들어 보기

이야기가 끝난 후 아이들은 이야기 내용 중 바꾸고 싶은 부분이 있다면 어느 부분인지, 그리고 어떻게 바꾸고 싶은지 써 보도록 한다. 그리고 친구들 앞에서 본인이 쓴 이야기를 발표 해 보도록 한다. 혹은 이야기가 다 끝난 후 그다음 이야기를 후속으로 써 보도록 하고 발표해보도록 한다.

* 이야기 속 주인공에서 편지 써 보기 활동; 잘 알려진 이야기책 주인공에게 편지 써 보기

⑩ 독서 일지/독서록 써 보기

이야기 속 주인공이 누구였는지, 등장인물은 누구누구였는지, 이야기의 배경은 어디였는지, 사건은 어디에서 일어난 것인지, 모르는 단어는 무엇인지, 그 뜻은 영어로 사전 찾아 써 보기, 줄거리 내용 요약 정리해보기 등 다양한 형태 아이들의 수준에 맞는 독서일지를 써 보도록 한다. 초기에는 교사가 독서 일지 양식을

나눠줘도 좋다. 아이들은 이 활동을 통해 문제해결 능력과 이야기 분석 능력을 키워주고, 이야기를 이해하는 데 도움이 된다.

⑪ 질문 상자(question box)

이야기책에 관한 다양한 질문들을 종이에 적어 상자 속에 넣어둔다. 한 명씩 상자 속에 들어있는 질문을 꺼내 읽고 답을 해 본다. 이때 교사는 아이들이 답할 수 있도록 힌트를 주거나 답을 유도한다.

⑫ 두 가지 이야기 분리하기

수업 시간에 교사와 함께 학습한 2편의 이야기를 문장 카드로 만든 후 오려서 모둠별로 나눠준다. 아이들은 각각의 이야기에 해당하는 문장을 가려내어 분리해 본다. 그리고 수준이 있는 아동들은 이야기를 분리한 후 순서대로 놓아보도록 한다.

⑬ 간단한 뮤지컬 만들어 보기

이야기를 끝낸 후 이야기 속 등장인물을 나눈 후 짧은 대화를 응용하여 간단한 연극이나 뮤지컬을 만든 후 발표해 본다. 초등학교 고학년이라면 모둠별로 챕터를 나눠서 발표할 수도 있고 모둠별로 만든 연극이나 뮤지컬을 발표해본다.

이상에서 살펴봤듯이 학습자들은 언어와 문화적 체험을 동시에 제공하는 영어 동화 수업 속에서 자연스럽게 언어 학습을 진행하고 영어 문화권에 대한 문화적 거리감을 좁혀 나가는 학습 경험을 할 수 있다.

CHAPTER

08

영어 동화 제시 방법

유아들은 아직 문해 능력이 없고 이를 위해 유아의 눈높이에 맞게 동화 내용을 전달하면서 시각적으로 동화의 내용에 관해 상상해 볼 수 있는 기회를 제공하여 유아가 문학을 즐길 수 있게 해준다. 영어 동화 제시 방법에 따른 교육적 효과는 총체적 언어교육이 가능한 것이다. 유아의 집중력을 높이고 영어 수업의 효과를 향상하기 위해 수업에서 활용되고 있는 영어 동화 제시 방법의 종류는 매우 다양하다. 여기서는 일반적으로 영어 수업에서 많이 활용되는 몇 가지를 소개하고자 한다.

8.1 그림 동화

영어 동화책의 장면을 크게 확대하여 복사하거나 줄거리를 중심으로 직접 그린 후 색칠하는 방법인 낱장씩 그림 동화가 대표적이다. 인원수에 따라 그림의 크기가 커지기도 하는데, 이 때문에 큰 책(big book)이라고 불리는 영어 동화 제시 방법이 최근 많이 사용되고 있는 경향이 있다. 낱장씩 그림 동화는 말 그대로 여러 장의 낱장으로 이루어

졌는데 앞장은 그림으로 구성되어있고 뒷장에는 영어 동화의 내용으로 구성되어있다.

주의할 점은 맨 앞에 보이는 그림의 내용을 해당하는 그림의 뒷장이 아닌 바로 앞장의 그림의 뒷장에 붙여야 한다는 것이다. 그래야 교사는 유아들에게 그림을 보여주면서 영어 동화의 내용도 설명해 줄 수 있기 때문이다. 그럴 뿐만 아니라 교사는 뒷면의 내용을 보더라도 어느 정도는 줄거리의 내용을 숙지하고 있어야 하며 유아들과의 시선도 계속 유지해야 한다.

어린이집, 유치원에 제공되는 영어 동화책 중심의 교육방식을 교재로 채택하는 경우는 아이들이 가지고 있는 모든 동화책과 같은 책으로 교사용 큰 책(big book)이 제공되므로 교사는 한 반 아이들 전체가 볼 수 있을 정도로 큰 책을 활용하여 아이들에게 책을 읽어주면 편리하다.

8.2 융판 동화

브직포나 코팅한 그림 자료 뒷면에 벨크로 테이프를 부착하여 융이나 부직포를 붙인 융 판에 붙여가면서 설명하는 방법이다. 배경은 거의 생략하고 등장인물을 위주로 붙

였다 떼었다 하면서 이야기를 들려준다. 융 판 동화로 수업을 할 때 모든 유아가 융 판을 잘 볼 수 있도록 해야 하며 붙여야 하는 순서도 수업 전에 미리 정리해 두어야 흐름이 끊어지지 않고 자연스럽게 수업이 진행될 수 있다. 융 판에 붙어 있는 자료가 너무 많으면 아이들의 집중력은 분산될 수도 있으므로 교사는 수업에 앞서 충분한 연습이 필요하다.

8.3 역할극 동화

교사가 아이들에게 영어 동화를 읽어준 후 각자 아이들은 이야기 속 등장인물 중 한 역할씩을 맡아서 전체 아이들이 함께 맡은 배역에 충실하여 영어 동화의 내용을 다시 재연해보는 학습 방법이다. 아이들은 본인이 맡은 역할을 이해한 대로 혹은 교사의 도움을 받아 표현하게 된다. 각 아이는 몸으로 학습하기 때문에 수업을 즐길 수 있고 본인의 순서가 아닐 때는 다른 아이들의 역할을 보면서 영어 동화의 내용을 학습하게

된다. 즉, 역할극 동화는 그림 동화나 융 판 동화처럼 시각 자료이면서 역할에 맞는 움직임이 추가된 영어 동화 제시 방법이라고 볼 수 있다. 역할극 동화가 진행되는 동안 교사는 아이들이 우왕좌왕하지 않도록 잘 통솔해야 하며 모든 아이가 집중할 수 있도록 신경을 써야 한다.

8.4 앞치마 동화

크팅한 그림이나 부직포로 만든 자료의 뒷면에 벨크로 테이프를 붙여서 융이나 부직포로 만든 앞치마에 붙여가면서 설명해주는 동화를 말한다. 앞치마 주머니에 이야기 순서에 알맞게 등장인물 혹은 사물들을 넣어두고 이야기를 하면서 주머니에서 꺼내 앞치마에 붙이면서 이야기를 들려준다. 아이들의 흥미, 호기심, 집중도가 좋아 책을 활용하여 읽어 줄 때보다 훨씬 이야기에 관한 관심이 높아진다.

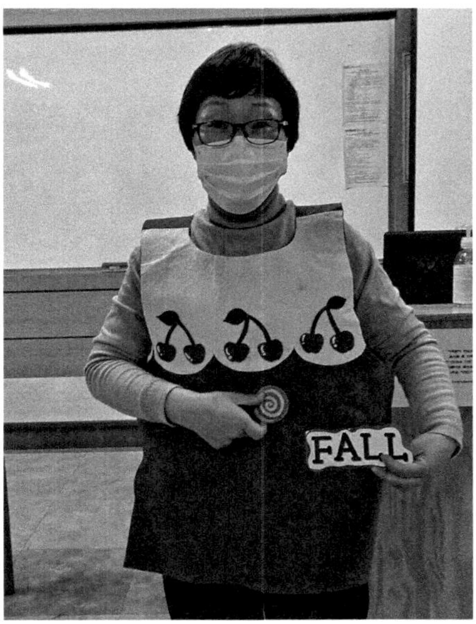

8.5 자석 동화

코팅한 그림이나 부직포로 만든 자료의 뒷면에 자석을 붙여서 자석 칠판 혹은 자석판에 붙여가면서 이야기를 들려주는 것을 말한다.

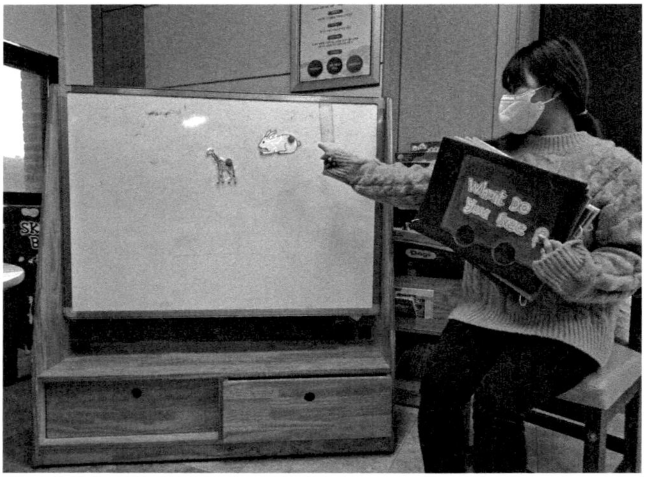

8.6 구연동화

아무런 자료를 사용하지 않고 오직 입으로 실감 나게 말해주면서 이야기해주는 동화를 말한다. 교사의 다양한 목소리 변조 및 각색과 얼굴 표정, 제스처 등과 같은 연기력이 돋보여야 한다. 요즘은 국내, 외 아이 혹은 교사들의 영어 스토리텔링 대회가 많아 유튜브 및 개인 SNS 등 영상물들이 많으니 참고하면 도움이 될 것이다.

8.7 테이블 동화

테이블을 무대로 가정하고 배경과 인형을 테이블 위에 놓아가면서 이야기 들려주는 동화를 말한다. 교사가 테이블 뒤 혹은 옆에 아이들과 눈높이를 맞혀 앉아서 차분하게 이야기를 들려주므로 아이들은 가까이서 무대가 펼쳐지는 인형 극장을 상상하게 되며 집중하여 교사가 들려주는 이야기를 듣게 된다.

8.8 막대 동화

코팅한 그림이나 부직포로 만든 자료의 뒷면에 나무젓가락이나 빨대와 같은 막대를 붙인 후 이것들을 이용하여 아이들에게 이야기를 들려주는 방법이다.

빨대를 활용하여 작은 그림 카드를 붙여 이야기를 들려주는 것도 오히려 아이들의 집중력을 유발한다. 티슈 상자 혹은 종이컵을 거꾸로 테이블 위에 놓고 대화를 마친 빨대는 꽂아주면 좋다. 나무젓가락에 예쁜 색깔 리본 테이프를 말아서 이야기를 들려주도 아이들이 재미있어 한다.

8.9 손 인형 동화

동화 속 각각의 등장인물들을 손 인형으로 만들어 교사가 인형 속으로 손을 넣어 이야기을 들려주는 동화이다. *'Three Little pigs'* 동화 구연 시 늑대 손 인형을 끼고 아이들 사이를 돌아다니며 마치 늑대처럼 행동하면서 들려준다.

8.10 손가락 인형 동화

각 손가락마다 인형을 끼거나 면장갑, 고무장갑 등 다양한 장갑을 이용하여 이야기 속 등장인물을 손가락 끝에 그리거나 만든 후 손에 장갑을 끼고 이야기를 들려주는 동화를 말한다. 아이들이 매우 흥미있어 하는 동화 중 하나이다.

신데렐라 손가락 인형(finger puppets) 테이블에 앉아 손가락을 탁자 위에 탁탁 걸어가면서 이야기를 들려준다. 의상에 맞는 손가락 매니큐어 색깔을 칠해주면 신발처럼 돋보여 아이들이 재미있어 한다.

8.11 줄 인형 동화

인형에 줄을 매달아서 각 등장인물이 말할 때 마다 줄을 당겨 마치 사람이 말하듯이 이야기를 들려주는 영어 동화 제시 방법 중 하나이다.

이 외에도 TV 동화, 연극 동화, 음률동화(음악 동화 + 율동 동화), OHP 동화(광학 투영기나 하얀색 배경을 바탕으로 투명한 OHP 필름에 마커펜으로 이미 그려진 그림이나 직접 그림을 그리면서 이야기해주는 동화), 그림자 동화(어두운 상태에서 빛을 비추어 생기는 그림자를 이용하여 이야기해주는 동화), 악기 동화(직접 악기를 연주하면서 이야기해 주는 동화), 종이접기 동화(동화책에 나오는 주인공과 사물들을 종이로 접어서 이야기 해주는 동화), 비디오 동화(비디오나 동영상과 같은 영상을 보여주는 동화), 노래 동화(노래를 부르면서 동화책의 내용을 이야기 해 주는 동화), 실물 동화(동화책에 나오는 주인공과 실물로 보여주면서 이야기 해주는 동화) 등이 있다.

많은 동화 제시 방법이 있지만 교사들은 영어 동화책을 아이들에게 가르칠 때 아이들의 성격, 특성, 취향, 선호도, 흥미도, 인원수, 수업의 형태, 교실의 크기, 수업 시간, 동화책의 내용, 등을 고려하여 적절하고 효율적인 영어 동화 제시 방법을 선택해야 한다. 그 이유는 이야기를 들려주는 사람의 형태에 따라 아이들의 문학에 대한 태도나 흥미도에 영향을 미치게 되고(김현희, 박상희, 1999) 이해력 향상에도 영향을 미치기 때문이다(이유선, 1990; Mussen, 1983).

CHAPTER

09

영어 동화 교실 관리

9.1 자리 배치

처음으로 이야기를 들려줄 때는 아이들의 집에서 동화를 듣는 것처럼 편안한 분위기를 만들어준다. 교사의 주변으로 아이들을 반원형(semi-circle)이 되도록 앉힌다. 이렇게 앉히는 이유는 교사가 전달하는 말이 아이들에게 더 잘 들리도록 하고 보여주고자 하는 시각적 자료들을 더 잘 볼 수 있도록 하기 위해서이다. 나이가 어린 아이들은 만약 교실의 한 코너를 별도로 영어 동화를 듣게 할 수 있는 공간(스토리텔링 코너)으로 만들어 바닥에는 카펫을 깔고 그 위에 편안하게 앉아서 이야기를 듣게 한다면 더 편안할 것이다. 교사는 이야기를 읽어주거나 말해주는 동안 아이들을 자주 볼 수 있도록 사전에 이야기를 충분히 연습해둔다. 또한 교사는 아이들에게 질문을 하기 위해 이야기의 어느 부분에서 잠시 멈출지 혹은 끊을지 등을 결정해둔다.

9.2 시청각 자료 사용

영어로 된 이야기를 들을 때 아이들은 이해를 위해 눈에 크게 의존한다. 따라서 시각자료의 사용 및 듣기를 위한 기타 지원은 아이들이 이야기를 이해하고 즐기는 데 매우 중요하다. 이야기를 전달할 때 사용하는 시각 및 청각 보조 장치를 종종 이야기 소품(story props)이라고 한다. 여기에는 사진 혹은 그림, 실제 물건, 모델, 미리 녹음된 카세트 또는 교사가 제작한 카세트가 포함될 수 있다.

(1) 시각적 자료

실물(real objects)

이것들은 이야기의 진정성을 더할 수 있고 모든 아이가 이야기의 내용을 이해하는 데 가장 접근하기 쉬운 방법의 하나다. 예를 들면 '*Don't drop your jelly beans*'의 영어 동화책에 나오는 젤리(jelly beans)를 실물 소품으로 사용할 수 있다.

인형(puppets)

인형은 특히, 나이가 어린 아이들을 위해 사용할 수 있으며, 교사는 처음으로 이야기를 들려줄 때 사용하기도 하고, 나중에 수업에서 아이들이 짧은 대화를 만들거나, 이야기를 다시 말할 때 사용할 수 있다.

플래시 카드(flashcards)와 게임(games)

각 카드는 코팅하여 오래 사용할 수 있도록 한다. 플래시 카드를 사용할 때 모든 학급에 있는 아이들이 볼 수 있을 만큼 충분히 커야 한다. 플래시 카드와 게임은 동화를 활용한 지도과정이나 동화책 활용의 실제편에서 제시한다.

movable pictures/자석 판(magnet boards)

움직이는 그림(movable pictures)은 반복되는 순서로 진행되는 이야기가 있는 동화, 장면이 아이들의 눈앞에서 점진적으로 만들어지는 그런 동화에 특히 잘 어울린다.

예를 들면 *Brown Bear, brown bear, What do you see? I see a yellow duck looking at me. Yellow duck, yellow duck, what do you see? I see a blue horse looking at me…. etc.*

갈색곰 그림 카드를 움직이며 붙이고, 그다음 노란색 오리 그림 카드를, 그다음은 파란색 말 그림 카드를, 계속해서 이야기 순서대로 붙인다. 그림 카드 뒤에 자석 테이프가 부착된 그림 카드를 자석 칠판에 재빠르게 붙였다 뗐다 하며 이야기를 들려준다. 이와 같은 시각적 자료는 이야기를 다시 들려줄 때 특히 어린 아이들에게 유용한 자료로 쓸 수 있다. 나무 목재나 플라스틱으로 움직일 수 있도록 만든 이동용 칠판에 오려낸 그림 카드를 교사는 마음대로 움직이며 이동하면서 동작을 보여주며 활용하는데 유용하게 활용할 수 있다. 이처럼 다양한 도구들을 활용하여 이야기를 들려줄 때 아이들은 흥미가 훨씬 올라간다.

가면(Masks)

이야기 속 가면은 아이들이 직접 만들 수 있고, 종이 가방 위에 얼굴을 그린 후 눈과 코를 뚫어내 만들어도 되고, 혹은 종이 접시 위에 얼굴을 만든 후 나무 막대기에 붙인 후 얼굴 앞에 들거나 고무줄을 달아 머리에 쓴다. 가면은 아이들이 자신의 이야기를 만들도록 격려하고, 흉내 내기(miming) 활동에 사용하기도 하고, 다시 이야기를 말하거나 새로운 이야기를 만드는 데 매우 유용한 소품이다.

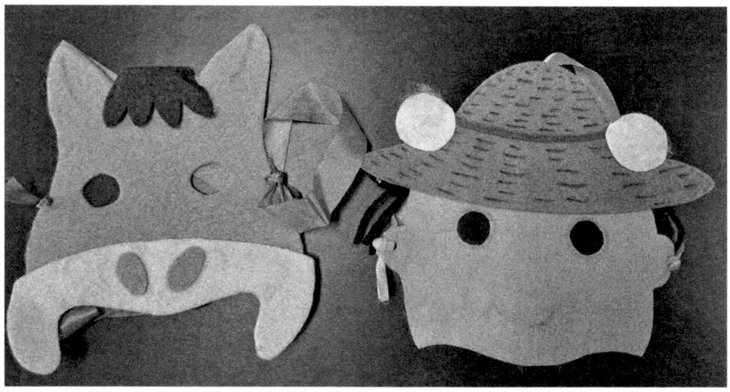

말풍선(Speech bubbles)/문장 카드

이야기 속 문장들을 문장 카드 혹은 말풍선 모양의 카드로 만든 후 이야기를 복습할 때나 혹은 아이들이 소그룹으로 사용하기 위해 만들어 놓으면 좋다. 반 전체의 활동으로 교사는 이야기 속 등장인물의 사진들과 말풍선 문장 카드를 누가 말한 것인지 연결해 보도록 하는 활동을 통해 이야기를 복습하거나 상기시켜 본다. 문장 카드를 써놓은 카드를 활용하여 그림보고 알맞은 문장 찾는 그림 맞추기 연습으로 사용하거나, 문장 카드를 보고 이야기 순서 대로 문장을 놓아보게 하거나 또는 활동을 분류해 보도록 하는데 사용할 수 있다.

(2) 청각적 자료

카세트

대부분 아이의 영어 이야기책에는 오디오 테이프가 붙어 있는 것들이 많다. 교사는 스토리텔링을 준비할 때 모델로 활용하면 좋고, 나중에 아이들 듣기 활동을 위해서 활용해도 좋다. 그렇지만 아이들에게 처음 들려주는 동화는 교사가 직접 들려주는 것이 더 좋다. 오디오 카세트는 나중에 요약하거나 그룹에서 사용할 때 아이들을 위해 사용하는 것이 좋다. 만약 이야기책에 오디오 카세트가 없는 경우 교사와 동료들이 함께 녹음을 할 수도 있다.

비디오 & 컴퓨터

컴퓨터나 비디오가 언어 교육 보조 수단으로 사용하는 것에 대한 우려에도 불구하고, 아이들에게 영어를 배우도록 동기를 부여하는 데 중요한 교육 도구이며 아이들의 전반적인 발달에 기여할 수 있다는 것은 의심의 여지가 없다. 비디오를 사용하거나 컴퓨터를 활용하게 될 때 고려할 것으로는 그것들이 어떻게 활용될 수 있고 통합될 수 있는지 교실 기반 작업을 어떻게 보완할 수 있는지 고려해야 한다.

아이들이 비디오를 활용하여 이야기 수업을 할 때 단지 비디오를 수동적으로만 보도록 하는 것이 아니라 능동적으로 활동을 통해 교육적 효과를 가져올 수 있는 몇 가지 방법을 소개 하도록 하겠다.

- 애니메이션 이야기: 예를 들면 현재 시판 중인 The Very Hungry Caterpillar
- 다큐멘터리: BBC World of Wildlife(www.bbc.co.uk)

- 운율(rhymes)과 노래(songs): 시중에는 이미 시판 중인 어린이를 위한 많은 전래 동요 및 마더구스 비디오들이 있다. 종종 아이들에게 들려줄 이야기의 주제에 맞는 것들을 찾을 수 있다.
- 자체 제작 비디오: 아이들이 이야기에 등장하는 인물들의 역할을 나눠 연기하고, 노래를 직접 부르고, 역할극을 하는 등의 비디오를 보는 것은 아이들에게 매우 큰 동기를 부여한다. 자체 제작한 비디오는 부모님들을 유치원이나 학교에 초대하는 날이나 유치원이나 학교 개방일 뿐만 아니라 자가 평가에도 사용할 수 있다.

9.3 멀티미디어 사용

(1) 비디오 활용

비디오는 다양한 방식으로 수업 시 통합될 수 있다. 만약 교사와 이야기책을 활용하여 수업이 끝났을 때 아이들에게 보상의 개념으로 보여주는 것으로 활용할 수 있는데 이는 아이들이 이야기를 쉽게 이해할 수 있다는 것을 깨닫고 자연스럽게 참여하게 되면서 자신감을 키워주는 활동이 된다. 어떤 비디오는 아이들이 읽었던 동화의 내용과 일부 틀린 부분도 있는데 이럴 때 어떤 점이 틀리는지, 틀린 곳을 찾아보고 이야기하도록 하는 것도 재미있다. 이야기책이 애니메이션으로 제작된 것이 있다면 책으로 소개하는 대신 소개해도 좋다. 이럴 경우 비디오를 보면서 아이들이 집중하여 볼 수 있도록 간단한 과제들을 준다. 예를 들면 The Very Hungry Caterpillar 애벌레가 먹이를 찾기 시작하는 시점에서 반을 5개 그룹으로 나누어 그룹별로 월요일부터 금요일까지 중 하나를 정해주고 애벌레가 어떤 음식을 먹었는지 주의 깊게 보라고 한다. 그리고 그룹별로 그들이 듣고 본 음식을 말해보도록 한다. 보고, 피드백을 위해 일시 중지하고, 아이들이 확인할 순서를 재생합니다.

비디오는 또한 다음 이야기가 어떻게 예상되는지 추측하게 할 때 매우 유용하고 다음 장면을 아이들에게 말해보도록 한다. 물론 이때 비디오는 멈춤으로 해둔다. 교사가 수업 시간 전에 먼저 미리 비디오를 시청하고 일시 중지할 위치를 결정하고 이것을 연습해둔다.

비디오의 효과적인 교실 사용을 위한 팁

- 교사는 먼저 비디오 재생기 작동하기와 리모컨 사용법을 익힌다.
- 아이들에게 비디오를 보여주기 전에 순서를 여러 번 시청하여 어디에서 일시 중지할지, 질문할지 등을 알도록 한다.
- 멈춤 버튼, 되감기를 사용하여 연습을 해둔다.
- 교사는 수업 전에 기계가 작동하는지 먼저 확인하라.
- 우리 반의 모든 아이가 비디오를 볼 수 있고 들을 수 있는지 확인하라.
- 아이들이 비디오를 시청하는 동안 무엇을 해야 하고 왜 해야 하는지 확인하라.
- 일시 중지 버튼을 사용하여 아이들에게 필요한 경우 비디오 보기 전 교사가 준 과업을 완료할 시간을 주고 필요할 경우 항상 두 번째 또는 세 번째 비디오 보기를 제공할 준비를 하라.

(2) 컴퓨터 활용

CD-ROM, 저작 프로그램, 워드 프로세싱 패키지 또는 인터넷은 모두 이야기 기반 수업을 보완하는 데 사용할 수 있다. 컴퓨터를 사용하려는 경우 기술 지원이 필요하다. 그렇지 않으면 교사와 아이들에게 좌절과 시간 낭비 경험이 될 수 있다. 컴퓨터를 사용하여 활동을 최대한 활용하기 위해 아이들은 그들이 무엇을 해야 하는지 정확히 알 필요가 있다. 아이들은 컴퓨터를 사용하는 것은 놀이가 아니라 학습을 위한 것임을 이해하는 것이 중요하다.

9.4 아이들의 작품 전시

아이들이 영어 동화 수업 시간에 만든 다양한 자기 작품을 전시하는 것은 아이들에게 동기부여가 되며 종종 더 높은 수준의 산출물을 장려한다. 전시는 또한 교실을 더 고무적으로 만들고 목적이 있는 작업 분위기를 장려할 수 있다. 또한, 전시는 다양한 형태를 취할 수 있으며 모형, 사진, 포스터, 단어 망(word families) 차트, 모빌, 다양한 쓰기 자료들 또는 아이들이 만든 책을 포함할 수 있다.

작품 전시를 할 때 다음 사항을 염두에 둔다.

- 아이들이 볼 수 있도록 아이들의 눈높이에 맞춰 작품을 배열한다.
- 제목과 글자는 크고 매력적으로 만든다.
- 항상 컬러 배경이나 마운트에 사진을 붙이려고 노력한다.

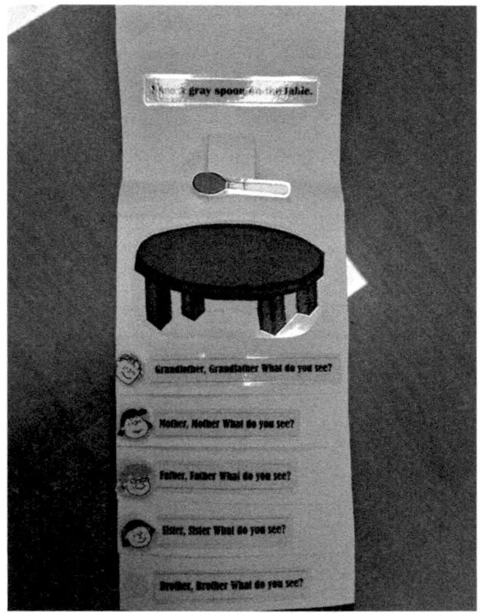

9.5 책 전시대(Book Corner) 운영

교실 내 영어 도서 전시대를 운영하기 위한 몇 가지 정보는 다음과 같다.

- 책장이나 선반이 이상적이지만 색상지로 덮인 테이블이나 판지 상자는 책을 전시하거나 보관하는 데 사용할 수 있다.
- 꽃, 작은 식물들, 카펫이나 쿠션은 책 전시대를 아늑하고 매력적으로 만든다.
- 가능하면 표지가 보이는 책을 전시한다. 이것은 아이들에게 더 매력적으로 보이며 아이들 이 책을 선택할 때 훨씬 더 쉽게 만든다.
- 책 관리에 대한 책임을 장려하기 위해 책 전시대의 조직 및 유지 관리에 학생들을 참여시킨다. 반의 책 전시대를 깔끔하게 유지하기 위해 매주 모니터 요원과 사서를 선출할 수 있다.

- 수업 시간에 아이들에게 읽어주었던 이야기에서 영감을 받은 작품이나 글을 모퉁이에 장식 해둔다. 아이들은 또한 다른 책에 대한 의견을 쓰고 벽에 붙일 수 있다. 아이들에게 인기 있는 베스트 책 혹은 상위 10권의 책 순위를 정리하여 책 전시대 모퉁이에 붙여둔다.
- 교사가 다루고 있는 주제와 관련된 영어(또는 모국어)로 된 다른 책에 아이들의 관심을 끌 수 있도록 해본다.

아이들이 언제든지 자유롭게 책 전시대에 접근할 수 있도록 해줘서 특별한 시간에만 가야 되는 것은 아니라는 인식을 준다. 또한 초등학생 정도라면 책을 빌려 갈 수 있는 대여 시스템을 운영해본다. 빌려 간 아이의 이름, 책 제목, 대여 날짜, 반납 날짜 등 간단한 도서 대여 장부를 만들어 운영하면 간단하다. 대여 기간을 얼마 동안 할지 아이들과 결정한다. 교실의 도서 코너의 모니터 요원과 사서가 이 일을 맡아서 운영해보도록 한다. 이렇게 운영할 때 아이들이 보거나 빌린 책의 개인 기록을 유지 할 수 있고 교사는 아이들이 이것을 할 수 있도록 기록 카드를 설계할 수 있다.

또한, 우리 반 아이들이 읽은 책의 수업 기록을 유지하기 위해 포스터를 디자인할 수 있다. 책 제목을 가로로, 아이들의 이름을 세로로 쓴 큰 전지 크기에 도표로 칸을 만들어 벽에 붙인후 각각의 책을 읽은 아이들은 포스터 칸에 본인이 읽은 책 제목의 칸에 체크를 해보도록 한다. 일 년 중 한 학기 동안 혹은 1년간 우리 반 친구들이 어떤 책을 가장 많이 읽었는지 다 같이 결과를 보도록 한다.

예를 들면 The Very Hungry Caterpillar 10명, Brown Bear, Brown Bear What do you see? 8명, Today is Monday 7명 등 함께 확인해본다. 그래서 우리 반 아이들의 한 학기 가장 많은 인기를 얻은 책은 바로…. 입니다. 발표해본다.

효과적인 정리와 책 전시대의 상상력이 풍부한 전시는 아이들이 책 읽기 및 외국어에 대한 긍정적인 태도를 보이도록 돕는 데 중요한 역할을 한다.

How to Draw Yourself
Fireflies
Football, Football!
Our Class
Goal!

The Animal Show
Frog
Look Out, Fox!
A Place to Sleep
A Home
Sali's Literacy
Under the Ground
Silly Cat
The Goat
Hats
Sleepy Tiger

CHAPTER

10

영어 동화와 언어 학습 능력

10.1 어휘

이야기책에 나온 새로운 어휘를 아이들에게 어떻게 소개해주고 그것들을 어떤 방법으로 연습하며 확인하고 내재화 시킬 수 있는지 살펴보도록 한다.

(1) 새로운 어휘 소개하기

이야기 속 어휘는 생생하고 명확한 맥락에서 제시되며 삽화는 의미를 이해하는 데 도움을 준다. 이야기 속 문맥과 재미있는 상황은 어휘를 쉽게 기억하게 만들어 준다. 예를 들면, '*The Very Hungry Caterpillar*' 속에서 제시되는 다양한 음식 이름을 이해하는데 아이들은 아무 문제가 없다. 그리고 'Brown Bear, Brown Bear, What Do You See?' 동화 속 동물의 이름과 색깔을 이해하는 것도 큰 어려움이 없다. 어휘는 공통점이 있는 그룹으로 기억된다. 이와 같은 이유로 새로운 단어를 소개할 때는 아래와 같이 아이들에게 제시해주면 좋다.

- 어휘 세트(예를 들면; 상점, 과일들, 동물들….)
- 운율 세트(예를 들면 *Henny Penny*!)

  Henny Penny ← *a hen* 암탉

  Cocky Locky ← *a cock* 수탉

  Ducky Lucky ← *a duck* 오리

  Goosey Loosey ← *a goose* 거위

  Turkey Lurkey ← *a turkey* 칠면조

  Foxy Loxy ← *a fox* 여우
- 색깔 세트(예를 들면 다양한 녹색 이름을 가진 사물들을 묶어서 지도하기)

  a pea, a leaf, an apple, a caterpillar, a bird, 등

• 문법적인 요소끼리 세트로 지도(예를 들면 형용사, 동사, 전치사, 명사 등)

이러한 방식으로 단어를 그룹화하면 아이들은 새로운 단어를 이미 알고 있는 단어와 연관시키는 데 도움이 될 수 있으며 기억과 회상을 도울 수 있다.

새로운 단어 소개하기 위한 기술 :

- **실물 활용하기:** 실물을 보여주는 것으로 새로운 어휘를 소개하기
  (아이들은 시각화를 통해 단어를 기억하는 데 도움이 된다)
- **그리기:** 칠판이나 큰 종이 위에 그림을 그려서 알려주기
- **책 속 삽화 이용:** 교사는 책 속에 있는 그림(삽화)을 가리키고 이야기 나누기
- **반대말 활용하기:** hot/cold, tall/short, big/small, 등 형용사를 소개할 때는 반대말을 활용하여 지도하면 훨씬 아이들이 이해하기 쉽다.
- **맥락에서 추측하기:** 모르는 단어의 의미를 그 문맥이나 상황을 통해 이해해보도록 하기
  스스로 단어의 의미를 알아내고 단어를 기억할 수 있도록 도와주는 것은 아이들의 자신감 형성에 도움을 준다.
- **이끌어내기:** 맥락(상황)이 설정되면, 아이들이 모르는 어휘를 다양한 질문을 모국어로 물어가면서 새로운 단어를 알 수 있도록 하는 것
- **번역하기:** 위에서 소개한 많은 기술을 시도해봤지만, 아이들이 알지 못한다면 모국어 통역을 통해 시간을 낭비하지 않도록 한다.

5단계 지도과정

• 위의 방법 중 하나로 그 의미를 설명하여 단어를 제시한다.

• 아이가 단어를 알고 있다면 그것을 말해보도록 하고 만약 맞았다면 앞으로도 그 방식을 활용하고 틀렸다면 교사가 그 단어를 말해준다.

- 반 전체 아이들에게 따라 말해보도록 한다. 발음을 점검해준다. 필요하다면 단어를 다시 말해보도록 한다.
- 한 명씩 개별적으로 그 단어를 반복하여 말해보도록 하고 다시 한번 반 전체에게 말해 보도록 한다.
- 교사는 칠판에 그 단어를 써본다.

(2) 어휘 연습 및 확인하기

새로운 어휘가 아이들에게 소개되었다면 그것을 아이들에게 연습할 기회를 제공하고 아이들이 그것을 이해했는지 확인하는 작업이 필요하다. 여기에서는 교실에서 할 수 있는 활동 몇 가지를 소개하겠다.

- What's missing?

칠판에 단어를 10개 정도 붙여둔다. 아이들의 나이와 수준에 따라 그림 카드 혹은 단어 카드를 사용한다. 또한 제시하는 단어의 수도 나이가 어리면 5개 정도로 제한한다. 아이들의 눈을 감도록 한다. 교사는 칠판 위의 단어 카드 중 하나를 뗀다. 아이들은 눈을 뜨고 어떤 단어 카드가 없어졌는지 알아맞히는 활동이다. 반 아동을 두 팀으로 나눠서 할 수도 있다. 어느 팀이 이겼는지 알아본다.

> 위의 게임을 실물이 있을 때 칠판이 아닌 쟁반 혹은 테이블 위에 제시하고 게임 활동을 해본다. 훨씬 게임이 생생하고 재미가 있다.

- Matching words to pictures

단어 카드를 붙여두고 그 단어 카드에 해당하는 그림 카드를 연결하는 활동이다. 아이들의 나이와 수준에 따라 다양하게 진행해본다. 또한 단어 카드의 수도 나이에 따라 조절한다. 어린 나이라면 3명의 아이에게 그림 카드를 주고 또 다른 3명의 아이에게는 단어 카드를 나눠준다. 서로 자기의 짝을 찾아보도록 한다. 혹은 융 칠판 위에 왼쪽에는 그림 카드를 오른쪽에는 단어 카드를 붙여놓고 짝을 찾아보는 활동을 해도 좋다. 초등학생이라면 단어 카드의 숫자를 늘리고 진행해본다. 각자 단어 카드를 책상 위에 펼쳐놓고 교사가 보여주는 그림 카드에 해당하는 단어 카드를 찾아보도록 하거나 모둠별로 나눠서 활동을 진행해도 좋다. 활동지를 나눠주고 그림과 단어 카드를 연결해 보도록 한다. 아이의 나이, 수준에 따라 다양하게 진행한다.

- Guessing games

Hide-and-seek: 한 명의 아이를 교실 밖으로 나가도록 한다. 다른 친구가 교실 안의 물건 하나를 숨긴다. 밖에 나간 아이를 들어오도록 하고 어디에 있는지 맞혀보도록 한다. Is it under the table? 이 활동은 전치사 연습과 명사 연습에 도움이 되는 활동이다.

Mime: 한 아이가 앞으로 나와 동물 중 하나를 혹은 직업 중 하나를 수업 시간에 배운 어휘 군을 중심으로 하나를 골라 반 전체 아이들에게 흉내를 낸다. 반 전체 아이들은 흉내 낸 어휘가 무엇인지 알아 맞혀본다.

- Giving instructions

교사는 수업 시간에 배운 특정 어휘를 중심으로 아이들에게 지시문을 준다.

예를 들면

Show me a red(blue, green….) pen.

Point a blue(red, green, yellow….) clock(desk, piano, chair….).

Go and touch the whiteboard(green board, sofa, cushion….). Bring a teddy bear.

- Sequencing

교사는 칠판에 배운 어휘들을 마구 섞어서 붙여둔다. 그리고 교사 혹은 반 아이 중

한 명을 불러 그 교사(아이)가 말하는 것들을 순서대로 놓도록 한다.

Put the pencil first. and….

- Labelling

교사와 함께 읽은 동화책 어휘를 중심으로 혹은 글의 내용을 중심으로 어울리는 단어 붙이기 활동(예를 들면 배고픈 애벌레 속 나비가 되어가는 과정을 순서대로 그림을 그린 후 그에 따른 단어 카드을 오려서 그림 옆에 상표(라벨) 붙이기 활동을 해본다.

- Bingo

교사는 아이들의 나이와 수준에 따라 빙고 판 가로, 세로(3×3, 4×4, 5×5 등)를 만든 후 나눠준다. 혹은 고학년이라면 아이들이 종이 위에 빙고 판을 직접 그리고 단어도 직접 자유롭게 교사가 제시한 단어를 쓴 후 활동을 해본다. 나이가 어린 아이들은 그림을 위주로 빙고 판 위에 교사가 부르는 단어를 찾아 X 표시를 한다. 가로, 세로, 혹은 대각선이 일치하는 경우 빙고라고 외친다. 반 아이 중 가장 먼저 빙고를 외치는 아이가 승리한다. 지도하는 아이들의 나이에 따라 한 줄 빙고 혹은 두 줄 빙고 혹은 ㄱ, ㄴ, ㄷ 등 교사가 제시하는 모양을 가장 먼저 맞춘 아이가 승리한다.

- Classifying/Sorting

아이들에게 수업 시 읽은 동화책 어휘들을 나눠주고 분리해보도록 한다. 예를 들면 배고픈 애벌레 단어 중 단맛과 짠맛이 나는 단어들을 분류해 보도록 하거나 갈색곰아 갈색곰아 동화책 중 큰 동물의 크기별로 분류해 보도록 하기 큰 동물과 작은 동물 등 혹은 걸을 수 있는 동물과 하늘을 나는 동물 혹은 육식 동물과 초식 동물 등 다양한 범주를 교사가 제시하는 것에 따라 단어들을 모둠별로 나누고 함께 이야기 나눠보도록 한다.

- Memory games

반 아이들을 팀으로 나누고 한 줄로 앉힌다. 맨 앞의 아이를 앞으로 나오도록 한 후 아이들의 수준에 따라 한 어휘(문장)를 주고 순서대로 귓속말 전달하기 게임 마지막에 앉아 있는 아이는 귓속말로 전달받은 어휘를 혹은 문장을 말해보도록 한다.

> Market game
> 반 혹은 모둠별로 한 아이가 먼저 I went to market and bought a melon.
> 그다음 아이는 한 단어씩 추가하여 말하기 게임 활동이다.
> I went to market and bought a melon and strawberries, 등

(3) 내재화(고착화)된 어휘

아이들은 빠르게 새로운 어휘를 배우지만 그 어휘를 아이들의 것으로 만들어 주기 위해서는 반복 학습과 재활용 활동이 필요하다. 새로운 어휘를 소개하고, 연습시키고 아이들 스스로 본인의 것으로 만들어 사용하도록 하기 위해서는 다양한 활동이 필요하다. 몇 가지 기술을 소개해 보도록 하겠다.

- **그림 사전/어휘 장**

아이들 자신만의 그림 사전이나 어휘장을 창의적으로 만들 수 있도록 한다. 알파벳 순서대로 혹은 주제별로 문법적 범주로 혹은 이야기 별로 만들 수 있다. 아이들은 단어를 모으고 그 단어에 해당하는 의미의 그림을 그리고 단어를 쓰도록 한다. 이것은 아이들에게 그림 사전, 이중언어 사전, 초등 단일어 사전이 될 수 있다.

- **단어 가족**(Word families/sets)

그림 사전 대신 아이들에게 자신이 직접 만든 단어장 만드는 것을 적극적으로 권장해본다. 예를 들어 가족 명칭, 동물 명칭에 관한 단어들 모음, 과일, 직업, 옷 종류

등 카테고리별로 단어를 만들어 봉투 속에 넣고 봉투 겉면에 표제를 써 둔다.

- **어휘 카드(Vocabulary cards)**

아이들 자신만의 어휘 카드 세트를 만든다. 카드의 한(앞) 면에는 예를 들어 그림을 그리고 다른 면(뒷면)에는 영어로 단어를 쓴다. 카드 하나를 뽑고 그림을 본 후에 그 단어를 영어로 말해 보도록 한 후 카드를 뒤집었을 때 본인이 말한 것이 맞는지 확인해 본다. 혹은 반대로 단어가 써있는 카드 한 장을 뽑고 그 단어의 의미가 무엇인지 말한 뒤 뒤집어 그림으로 확인해보도록 한다. 또는 한 면 위쪽에는 그림을 아래쪽에는 단어를 쓰는 방식도 있다.

- **콜라주(Collage)**

콜라주를 만들어 보는 활동은 어휘를 반복해 볼 수 있는 유용한 방법이다. 아이들은 특정 주제에 대한 그림을 수집하고 각 그림에 단어를 써 붙이고 큰 색상지에 그것들을 붙여 전시를 해본다.

- **단어/그림 거미줄(Word/picture webs)**

단어 그물은 아이들이 어휘를 기록할 수 있는 시각적으로 매력적인 방법이다. 아이들이 단어를 연상하여 거미줄을 만들고 단어들을 분류해보는 데 도움이 된다.

10.2 듣기

아이들은 교사가 들려주는 이야기를 듣는 동안 교사의 몸짓을 관찰하고, 목소리의 미묘한 차이를 알아차리고, 그들이 듣고 있는 언어에 보이는 모든 시각 자료를 일치시키고, 머리 속으로 자신의 그림을 만들고, 다음에 올 것을 예측하려고 노력하고, 의미를 추측한다.

말하자면, 아이들의 머릿속에서 많은 정보 처리가 일어난다. 아이들이 이야기를 이해하면서 듣도록 돕는 중요한 방법은 듣는 동안 아이들이 동기를 부여받고 적극적으로 참여하도록 하는 것이다.

아이들은 주의를 기울여야 하는 특정 부분에 주의를 집중하거나 주제 및 핵심 언어에 대한 중요한 배경 지식을 제공하였을 때 더 효과적으로 이야기를 듣고 이해력 있게 경청할 수 있다. 그림, 차트 또는 도표나 도식과 같은 다양한 시각적 지원이나 문자로 써서 내용의 틀을 제공하여 아이들의 이해를 조금 더 지원해 줄 수 있다.

아이들의 듣기 능력 개발을 하고자 할 때 염두에 두어야 할 5가지 사항은 다음과 같다.

(1) 아이들에게 자신감을 준다.

아이들에게 이야기를 한두 번 듣고 모든 단어를 다 이해할 수 없음을 이해시켜라. 아이들에게 교사가 들려주는 이야기 중 특정 단어에만 귀를 기울이도록 해본다. 예를 들면 색깔 단어를 듣게 되면 자리에서 일어나 보도록 한다. 혹은 첫 번째 이야기를 들을 때는 아이들이 이야기의 흐름을 이해하고, 두 번째 들을 때는 이야기의 더 작은 부분을 선택하여 아이들에게 사건의 정확한 순서를 따라가 보면서 다음에 일어날 일을 예측하도록 요청하는 것과 같은 구체적인 세부 사항에 더 집중하도록 요청할 수 있다.

(2) 아이들의 듣기 전략을 개발하도록 돕는다.

문맥으로부터 새로운 단어의 의미를 이해하기 위해서는 배경지식과 같은 전략을 사용할 수 있고, 이야기 속 그림을 보고 어떠한 정보를 사용하거나, 교사의 제스처, 얼굴 표정과 목소리에서 단서를 찾아내야 한다고 아이들에게 설명해준다.

듣기 전략에는

- **예측하기(predicting)**

  아이들에게 이야기 속에서 다음에 나올 것이 무엇인지 생각해보도록 하고 격려해주는 것은 유용한 듣기 전략 중 하나이다. 이것은 그들이 듣는 것과 일치하는지 확인하기 위해 듣는 것을 의미한다. 많은 이야기에는 예측을 더 쉽게 해주는 반복되는 순서가 있다.

- **의견이나 태도를 추론(inferring opinion or attitude)**

  강세, 억양과 보디랭귀지에 대한 인식, 얼굴 표정 혹은 제스처 같은 것은 아이들이 등장인물이 화가 난 것인지, 행복한 것인지 배가 고픈 것인지 등등을 알아차리는 데 도움을 준다.

- **문맥에서 의미 찾기(working out the meaning from context)**

  비록 핵심 단어가 이야기를 들려주기 전에 설명되거나 의미를 알려 줄 수 있지만, 아이들은 낯선 단어의 의미를 알아내기 위해 그림과 주제에 대한 일반적인 지식을 사용해 보도록 말해본다.

- **담화 패턴 및 마커 인식(recognizing discourse patterns and markers)**

  첫 번째(first), 다음(then), 마지막(finally)과 같은 단어, 그러나(but), 그래서(so)는 이야기에서 다음에 올 내용에 대한 중요한 신호를 제공한다. 다시 말하지만, 반복되는 일련의 이야기는 학습자가 그러한 담화 표지에서 다음에 올 수 있는 것을 예측하는 데 도움이 된다.

(3) 듣기는 3단계 모델로 생각하라.

듣기의 지도는 3단계 듣기 전(pre-listening), 듣는 동안(while-listening), 들은 후(post-listening)의 관점에서 수년간 고려됐다.

• 듣기 전(pre-listening): 이 단계는 주제에 대한 학습자의 관심을 자극하고 맥락을 개인화 하고 기대치를 생성하는 데 사용되며, 이 모든 것이 듣기에 대한 동기를 높이는 데 도움이 된다. 이때는 교사는 표지 그림을 보여주고 아이들에게 이야기가 어떤 내용일 거 같은지, 무엇에 대한 이야기일 것 같은지 등 예측하게 함으로써 주요 배경 정보와 주요 언어를 강조할 수 있다. 아이들은 또한 답변을 원하는 질문을 하거나 나중에 답변을 확인하는 등의 작업을 수행할 수 있다.

듣기 전 활동들은 아래와 같은 것들을 포함한다.

– 아이디어나 핵심 어휘를 끌어내기 위해 삽화나 마임 사용하기
– 책의 겉표지를 보여주고 혹은 삽화로부터 이야기의 예측을 장려하기
– 아이들이 주제를 개인화할 수 있도록 질문하기
– 마인드맵 만들기 예를 들면 우리가 이미 알고 있는 것은 무엇인가? 알기를 원하는 것은 무엇인가? 등
– 참/거짓 질문해보기
– 새로운 단어를 소개/연습하기 위한 단순 읽기 활동 하기

• 듣는 동안(while-listening): 아이들이 주의를 집중하고 지루해하지 않고 들을 수 있도록 하는 데 도움이 되는 무언가를 주고 들을 수 있도록 한다. 예를 들면 듣는 동안 특별한 과제를 준다.

> **Listen and Repeat**
> 많은 반복을 가진 이야기를 골라 아이들이 참여할 수 있도록 한다. 혹은 귓속말 전달하기 혹은 무엇이 사라졌을까(What's missing?) 게임을 통해 반복을 더 흥미롭게 만드는 방법을 찾을 수도 있고 만약 교사가 말하는 문장이 사실이면 아이들은 따라서 말하게 하는 것이나 노래와 챈트를 통해 듣기를 학습할 수 있다.

> **Listen and draw/color**
> 미완성된 그림을 보여주고 지시하는 것을 듣고 남은 여백을 그려서 완성하거나 색을 칠하게 한다. 혹은 교사가 간단한 지시문을 말하는 것을 듣고 아이들은 그림을 그려본다.
> Draw a circle. Add two eyes. Add a nose….
>
> **Listen and discriminate**
> 특정 단어를 들으면 손을 들게 하거나, 일어서게 하거나 손뼉을 치게 한다. 아이들은 움직이기를 좋아하기 때문에 언어에 대한 반응을 신체 반응으로 요구하면 더 효과적이다. 예를 들면 Stand up when you hear….

- 들은 후(post-listening): 이 단계는 이야기가 끝난 후 교사는 아이들이 들은 내용의 이해도를 점검하기 위한 단계이다. 아이들에게 새로운 단어를 연습할 기회를 제공하고 그들이 배운 것을 활용하여 창의적 활동을 할 수 있고, 이야기 다시 쓰기, 책 만들기, 연극 등과 같은 활동을 한다.

(4) 아이들에게 듣는 이유를 설명해줘라.

아이들에게 교사가 들려주는 이야기를 듣는 동안 단지 듣고 즐기기만 하면 되는지 혹은 듣는 동안 무엇을 해야 하는지 명확히 알려준다. 아이들이 듣는 동안 무엇인가를 해야 한다면 그것을 설명해준다. 듣기 목적의 다양한 종류는 아래와 같다.

- **듣기 태도 향상을 위한 듣기**

  즐거움을 위해 듣기, 집중력 향상을 위해 듣기, 또는 기억력 개발을 위해 듣기가 여기에 해당된다. 교사가 말로 하는 지시문을 듣고 행동하는 TPR(Total Physical Response) 같은 활동은 긴 텍스트를 듣기 위한 아이들을 사전에 준비시키는 듣기 유형이다.

- **언어의 다양한 측면을 개발하기 위해 듣기**

  소리의 발음, 강세, 리듬과 억양을 향상하기 위한 듣기뿐만 아니라 새로운 단어와

문형에 친숙하기 위한 듣기

- **개념적 발달을 강화하기 위해 듣기**

  많은 이야기는 모국어로 이미 배운 색깔, 크기, 혹은 원인과 결과와 같은 개념을 강화하기 위한 유용한 역할을 한다.

- **다른 사람들과 상호작용을 위한 듣기**

  듣기는 다른 사람들과 의사소통하기 위한 중요한 역할을 한다. 이야기를 들은 후 짝끼리 설문 조사하기 혹은 그룹과 게임 하기, 학습자가 듣기를 통해 의미를 협상하도록 요구하거나, 듣고 질문 요구하기, 의미 점검하기, 등과 같은 듣기 활동 후 다양한 활동 등

(5) 특정 듣기 과업을 설정하라.

이야기를 들을 때 혹은 일련의 그림을 재배열하거나 다양한 행동을 설명하는 그림으로 숫자을 매기도록 하는 과업은 아동이 듣기 과정에 적극적으로 참여하기 때문에 아동의 이해를 도와준다.

10.3 말하기

언어 학습의 초기 단계에서 발화하는 영어 유형은 가능한 아이들이 암기하여 최소한의 언어 능력으로 의사소통할 수 있도록 하는 일상의 간단한 말이나 혹은 패턴으로 지도하는 것이 좋다. 이와 같은 언어의 유형은 매일 반복되어 말하기 때문에 아이들이 말을 빨리 배운다.
예를 들면

- 간단히 인사하기: Hello! How are you? I'm fine, thank you. And you?
- 사회적 영어: Did you have a nice weekend? Have a nice weekend.
- 일상적인 말: What's the date? What's the weather like today?
- 교실 영어: Listen!/Repeat!/Sit down!/Work in pairs./Good!/It's your turn./Be quiet!
- 허락 구하기: May I go to the toilet?/May I clean the board?, etc.

말하기 활동

초기 말하기 연습은 주로 교사에 의해 통제된 말하기 활동이다. 일반적으로 단순한 질물과 대답으로 구성되어 있다.

- **Look, Listen and Repeat**

  이 활동은 이야기 속 새로운 어휘를 소개하거나 등장인물을 소개할 때 하는 말하기 활동이다. 교사는 그림을 보여주고 단어를 말해주고 아이들은 따라서 말한다. Look! A cat! Repeat! 교사는 아이들의 발음이 만족할 때 다른 단어로 넘어간다. 한 번에 몇 개의 단어를 소개하고 What's this? 라고 아이들에게 단어 하나를 가리키며 질문하면 아이들은 답한다.

- **Listen and participate**

  교사가 아이들에게 이야기를 할 때 중요한 단어 혹은 구를 반복하여 따라서 말하도록 참여시킨다.

- **Reading aloud**

  교사는 아이들에게 특정 단어나 문장을 소래 내어 말하도록(읽도록) 요구한다. 예를 들면 Brown bear, brown bear, Brown bear, brown bear, what do you see?

- Memory Game / Telling to add

  I went to the market and bought an apple.

  I went to the market and bought an apple, and an orange.

  I went to the market and bought an apple, an orange and a melon.

  이처럼 한 단어씩 늘려서 기억하고 말하도록 하는 게임

  혹은 귓속말로 전달하기(Chinese whispers) 게임은 단어나 문장을 기억하고 다음 학생에게 말로 전달해야 하는 게임이므로 말하기 활동에 도움을 준다.

- Rhymes, songs and chants

  어린이는 모방에 의해 말하기를 배운다. 반복되는 라임, 노래와 챈트는 영어 발음 연습을 이상적으로 제공하며 새로운 언어를 소개하고 익히고 고착화하는 데 도움이 된다. 영어의 리듬과 발음을 덩어리째 익히게 되고 원어민 발음에 가까워지며 영어에 대한 자신감을 갖게 된다. 리듬과 박자에 맞춰 즐겁게 할 수 있는 말하기 활동이다.

- Retelling a story

  교사가 이야기를 다시 들려줄 때 아이들에게 동화 속 등장인물의 대사를 알려주고 적절할 때 그것을 말해볼 수 있도록 한다. 반복되는 문형이 있는 이야기책을 활용하면 말하기 학습에 도움이 된다.

- Look and ask

  교사는 동화 속 어휘와 문장을 활용하기 위해 먼저 아이들과 연습을 한 후 '*The Very Hungry Caterpillar*' 오렌지 그림 카드를 보여주며 '*How many oranges are there?*' 아이들은 '*There are 5 oranges.*'라고 대답한다. 이번에는 교사는 아이 한 명을 지명하고 ***Minji, ask Junho***! 그러면 민지는 준호에게 그림 카드 한 장을 보여주며 *How many strawberries are there?* 라고 묻고 준호는 대답한다. 교사는 반 아이들에게 맞았는지 물어본다. *Is that right?* 이렇듯 아이들에게 올바른 문형과 발음에 중점을 둔 통제된 연습을 교사는 제공해주므로 말하기 연습을 할 수 있다.

- Guessing games

보통 영어 수업 시간에는 교사만 아이들에게 질문을 많이 하고 아이들은 대답을 위주로 하는 형태로 이루어진다. 이 활동을 통해 아이들은 영어로 다양한 질문을 만들어 물어보고 사물이나 사람을 묘사하는 표현을 익혀볼 수 있는 말하기 활동이다. 예를 들면 한 명의 아이가 애완동물 그림을 그린 후 반 아이들에게는 본인이 그린 그림을 보여주지 않는다. 반 아이들은 어떤 애완동물인지 알아 맞혀본다. *Is it a cat?* 혹은 반 아이 중 한 명을 정해 누구라고 말하지 않고 그 친구를 묘사하는 다양한 표현을 듣고 누구를 표현한 것인지 알아 맞혀보는 활동이다.

She's got long hair. She's wearing a red sweater.

- Information gap

이 활동은 짝 혹은 그룹의 아이들끼리 영어로 묻고 질문에 답하는 활동을 하는 것이다. 두 명이 각각 알고 있는 정보가 달라서 서로에게 모르는 정보를 묻고 알아가는 과정을 수행하는 활동이다. 교사가 준 목표를 완성하기 위해 각자 본인이 알아내야 할 무엇을 알아내는 것이다. 두 명에게 각각 다른 과일의 이름과 개수를 다르게 만든 활동지를 주고 짝에게 혹은 그룹 내에서 본인이 파악해야 할 과일의 개수가 몇 개인지 알아보는 활동을 통해 아이들은 말하기 활동이 늘어나 교사가 제시하는 말하기 문형을 자연스럽게 많이 묻고 답하게 된다.

- Surveys

교실 내 다른 친구들에게 인터뷰를 통해 예를 들면 그들이 좋아하는 것과 싫어하는 것, 그리고 교사가 나눠준 자료의 정보를 수집하는 것 등이 목표이다. 수영, 스케이트, 춤, 노래, 등 할 수 있는 것과 할 수 없는 것, 혹은 좋아하는 것과 싫어하는 것 등을 교실을 돌아다니며 5명에게 인터뷰 조사해오기 등과 같은 활동을 통해 아이들은 실제적인 상호작용을 통한 말하기 활동이 활발해진다.

- Role-play & Dramatizing

이야기에서 제시된 언어가 다른 상황에서 사용될 수 있는 기회를 제공한다. 미리 익힌 중요 어휘와 문장을 사용하여 각자 역할을 분담하고 말과 행동을 동시에 표현하며 마치 그 역할이 된 것처럼 말을 해보도록 한다.

My Baby (Written by May Nelson)

Mommy sheep: Baa, baa! Where is my baby?

Piglet: Oink, oink.

Mommy sheep: You are not my baby. You are a piglet.

(더 슬픈 목소리로 아기 양을 찾아다니며)

Mommy sheep: Baa, baa! Where is my baby?

Duckling: Quack, quack.

Mommy sheep: You are not my baby. You are a duckling.

(더 애절한 목소리로 잃어버린 아기 양을 찾아다니며)

Mommy sheep: Baa, baa! Where is my baby?

Calf: Moo, moo.

Mommy sheep: You are not my baby. You are a calf.

....

Lamb: Baa, baa!

Mommy sheep: You are my baby! You are a lamb.

10.4 읽기

어린 학습자인 경우는 모국어도 문자 해독 능력이 없을 수 있으므로 영어 문자 읽기는 다소 어려울 수 있다. 영어의 알파벳 체계가 우리나라 한글과 다르기 때문에 영어의 알파벳을 배우는 데 시간이 더 많이 걸리고 어려울 수도 있다. 표지판이나 안내문 또는 광고와 같이 주변 환경에서 영어로 쓰인 예를 아이들이 알아차리도록 격려하는 것도 좋은 사례이다. 이러한 종류의 읽기 인식은 아이들이 즐거움을 위한 이야기 읽기와 정보를 위한 표지판을 읽는 것과 같은 다양한 읽기 목적에 대해 생각해보도록 하는 데 유용하다.

초기 단계의 영어 읽기는 주로 알파벳과 단어 읽기 정도이다. 아이들은 간단한 알파벳 게임, 플래시 카드를 사용하여 도미노(Dominoes), 스냅(Snap) 혹은 빙고(Bingo)와 같은 단어 게임 놀이를 위주로 한다. 아이들이 사용하는 주교재에 플래시 카드가 부착되어 있지 않다면 교사가 단어 카드를 만들어 사용해야 한다. 교실에서 사용하는 단어 카드 크기는 모든 아이가 다 볼 수 있도록 크게 만든다. 아이들이 각자 사용할 것이라면 작은 크기도 괜찮다.

초기 단계의 영어 읽기 지도 시 플래시 카드를 만들 때 앞면에는 그림을 뒷면에는 글자를 써서 만들어 양쪽으로 사용할 수 있게 하는 것이 좋다. 혹은 한 면에 위쪽에는 그림을 아래쪽은 단어를 써서 만들어도 된다. 나중에는 그림을 제거하고 사용할 수 있다. 색깔별로 카드를 만드는 것도 좋은 방법이다, 예를 들면 형용사는 분홍색으로, 명사는 녹색으로, 동사는 파란색으로 만드는 것도 좋다. 만든 카드는 코팅해두면 오래 보관하고 사용하기가 쉽다.

칠판 혹은 탁자 위에 펼쳐져 있는 그림 카드 한 장을 뒤집고 그에 맞는 단어 카드를 찾아 보는 놀이 활동이나, 알파벳 혹은 이야기 벽에 플래시 카드로 그림에 라벨 붙이기, word families 단어 분류하기 등 활동을 통해 아이들은 이야기의 핵심 단어를 인식하도록 도와 주고 의미를 기억하는 데 도움을 준다. 이러한 다양한 활동을 통해 아이들은 영어의 일반적인 문자 형식과 문자 조합에 익숙해진다. 중급 읽기를 위한 다양한 영어 활동을 통해 아이들은 영어 읽기가 점점 더 향상되어간다. 예를 들면 읽고 행동 취하기, 읽고 그리기, 읽고 색칠하기, 순서대로 연결하기, 분류하기, 등

이야기를 사용한 뒤 읽기 활동으로는 다음과 같은 것들이 있다.

(1) 발음 연습을 위한 단어 읽기

- **게임하기(Playing games)**

  'Rhyming Dominoes', 'Bingo', 'Snap'과 같은 게임 활동을 통해 단어를 인식하는 것을 배우고 라임이 있는 단어를 연결해 본다.

- **어구 배열하기**

  의미 군이 되는 어구를 잘라서 아무렇게나 나열하고 순서를 바로잡아 읽게 한다. 동화 속 한 문장을 두 개로 잘라서 카드 2개로 만든다. 아이들은 문장이 운율에 맞도록 맞추어본다.

  예를 들면 'Brown bear, brown bear, What do you see?'

  Brown bear, brown bear, / what do you see? 1문장을 2개의 카드로 나눠둔다.

  I see a red bird / looking at me.

  Red bird, red bird, / what do you see?

  I see a yellow duck / looking at me.

- **큰 소리로 읽기(Reading aloud)**

  이야기에 적당한 강세와 억양이 들어있는 동화를 선택하여 교사는 아이들과

함께 이야기 속 문장을 큰 소리로 읽는 연습을 함께 해본다. 읽을 때 해당 단어를 손가락으로 짚게 하여 단어와 소리의 관련성을 익히게 한다. 소그룹으로 나누어 읽어보도록 하거나 그룹별로 읽어 나가게 할 수 있다.

(2) 새로운 단어 읽기 연습(Practising reading new words)

- **플래시 카드 활용하기**(Using flashcards)

  단어 카드를 눈으로 보여주는 시각적 인식은 아이들이 자연스럽게 글자를 알아가며 읽게 되는 과정에 도움이 된다. 그러므로 교실의 모든 사물에 영어 단어 카드를 만들어 붙여두면 항상 눈으로 단어를 시각화하여 나중에 자연스럽게 책 속의 같은 단어가 나오면 읽게 된다. 그림과 단어 카드를 연결해 보도록 하는 활동을 해보게 하는 것도 좋다.

- **게임하기**(Playing games)

  'Dominoes', 'Bingo', 'Snap' 게임을 활용하여 아이들은 단어의 문자 형태와 의미를 인식하는 것을 배운다.

(3) 텍스트를 재구성하거나 말하기를 촉진하기 위한 읽기

- **차트를 읽고 체크하기**

  특정 구조적 문형을 연습하기 위해 안내된 문맥을 제공하고 아이들은 차트를 읽고 체크해 보도록 한다.

- **시간을 알려주는 시계 읽기**

  시간을 말하는 수학적 개념을 강화하기 위한 활동이다.

  Mr. Wolf, Mr. Wolf, What time is it?

  동화책을 활용하여 아이들과 시간을 말하고 읽는 연습을 해본다.

• **그림 대체하기**

문장 속에서 사물을 뜻하는 단어는 문자 대신에 그림으로 제시하거나 병행하여 제시하고 읽어가게 하는 활동이다. 초보 단계 학습자에게는 읽기에 대한 부담감을 조금 덜고 수월하고 재미있게 읽기에 대한 흥미를 올려줄 수 있다.

• **지시문 읽고 만들기**

아이들이 좋아하는 팽이 만들기 혹은 크리스마스카드 만들기 등 만들기 과정을 쉽고 짧은 문장을 단계적으로 나타낸다. 아이들이 지시문을 읽고 교사가 안내한 물건을 만들도록 한다. 이때 글뿐만 아니라 그림이나 시각적 단서를 많이 넣어준다.

Fold the card. Draw and color a picture. Open the card and write. Give the card to your friend.

• **색칠하기**

활동지를 개별적으로 나눠주고 아이들은 문장을 읽고 색을 칠하면 된다. 이 활동이 끝난 후 다른 친구들과 비교하여 잘못된 부분이 있는지 확인해본다.

This is Jenny's table. There are two pencils on the table. One blue pencil and one red pencil. There is an green pencil case under Jason's chair. A dog is sitting on his chair. It is black and white. His chair is yellow and Jenny's chair is orange.

• **읽고 표지판 붙이기**

동물원, 우리 집, 우리 동네 슈퍼 등 아이들이 관심을 가질 만한 한 곳을 정한 후 그림을 그리고 그 내용을 설명하는 글을 제시한다. 아이들은 글을 읽으며 표지판에 예를 들면 동물원인 경우 동물의 이름을 글에서 읽은 내용에 해당하는 곳의 동물의 이름을 쓰거나 단어를 오려서 붙인다.

> The tigers live in the biggest cage.
> They are next to the pond.
> The lions live next to the tigers.
> The giraffes live in the square cage.
> ...

10.5 쓰기

쓰기는 언어의 네 가지 기능 중에서 마지막으로 익히는 어려운 것으로 인식되고 있다. 영어 교육에서의 쓰기도 마찬가지이다. 그러나 이메일과 모바일 기기를 통한 실시간 문자 언어 의사소통이 급증하는 추세이므로 영어 쓰기 능력의 중요성은 날로 커지는 실정이다. 쓰기는 종종 기계적인 연습을 제공하는 연습에만 국한할 수 있다. 이런 이유로 아이들이 쓰기를 싫어하는 것은 당연하다. 아이들이 기억하는 데 도움이 되는 내용을 기록하고 쓰기를 격려하는 방법이 있을까요? (예를 들면 단어장 만들기) 쓰기 과정의 모든 부분은 아이들이 더 쉽고 자동으로 쓸 수 있도록 연습할 필요가 있다. 초기 영어 학습을 하는 아이들에게 쓰기를 할 때는 제시된 문장과 어휘를 제공해준다. 혹은 간단한 참/거짓, 간단한 수수께끼의 정답을 쓰는 수준 정도로 활동을 시작해본다.

교사는 짧고 간단한 시, 십자말풀이(cross words), 대화, 편지, 메뉴, 초대장, 생일카드, 지침 또는 퍼즐과 같은 다양한 텍스트 유형을 해볼 수 있도록 권장한다. 나이가 많은 학생들은 간단한 이야기 다시 말하기를 써보게 한다거나, 이야기책 속 등장인물이나 다른 결말을 써서 아이들에게 발표해보도록 한다. 이때 아이들에게 적당한 어휘 은행이나 가이드 활동을 제공해준다. 또 다른 중요한 단계는 아이들이 아이디어를 논의하고 글쓰기를 계획하고, 교사와 협의 후 쓰기 작업을 수정하여 완료하는 아이들 간의 협력이다.

쓰기 활동

- **베껴 쓰기(copying)**

베껴 쓰기는 알파벳이나 단어, 문장의 형태를 익히기 위해 주로 교사가 안내한 모델을 보고 옮겨 적는 활동을 말한다. 어린아이들인 경우는 흐릿한 선이나 점선을 넣어서 그 위에 따라서 써보도록 한다. 평소 수업 시 교사한테서 많이 들었던 문장이나 읽었던 문장을 제시하므로 소리와 문자 관계를 익히게 한다. 또한 베껴 쓰기를 할 때는 소리내어 읽으면서 하는 것이 효과적이다. 아이들에게 교사와 함께 읽었던 책 속 내용을 주고 생각하면서 올바른 문장만 써보도록 한다.

예를 들면 Snake's Sore Head(Written by Dot Mehary)

It was a hot day in the zoo. 실제 동화 속 문장에서는 zoo→ jungle

Snake had a sore head. (O)

Snake had a sore stomach. (X)

Elephant came along. And she flapped her big ears. (O)

Elephant came along. And he tickled snake. (X)

... 이야기를 들었거나 읽었던 내용 중 올바른 문장을 따라서 써보도록 하면 아이들은 읽으면서 이야기를 생각하고 쓰게 된다.

- **편지, 카드, 초대장 쓰기**

특정한 글쓰기 양식이 있는 형태의 활동지를 나눠주고 보기 문장들을 나열한 후 아

이들은 보기를 읽으며 올바른 위치에 써보도록 한다. 생일 초대장 혹은 생일 축하 카드 써보기 등

- **그림에 설명 붙여보기**

그림 하나를 그려놓고 여러 개의 문장을 제시한다. 아이들은 그림에 알맞은 문장을 찾아 써본다.

예를 들면 바지를 입고 모자를 쓴 할머니가 바구니 한 개를 들고 걸어가는 모습

This woman is wearing a dress. She's carrying a basket. She's running. She's swimming.

- **빈칸 메우기**

글 대부분이 주어지고 몇 단어를 빈칸으로 제시하여 이에 적합한 단어를 쓰게 한다. 기계적인 활동이 아닌 글을 이해하면서 쓸 수 있도록 구성한다. 아이들의 수준에 따라 빈칸을 만들 수 있으며 지도하려는 특정 목표에 따라 빈칸을 넣을 수 있다.

예를 들면: Lili's Breakfast(Written by Helen Upson)

On Monday, Mum made toast for Lili. Can I have two big rectangles, please? said Lili. Mum (　　) the toast into two big (　　　　　). On (　　　　), Mum made toast for Lili. Can I have two big triangles, please? said Lili. Mum (　　) the toast into two big (　　　　　).

On (   ), Mum made toast for Lili.
Can I have four little squares, please? said Lili.
Mum (   ) the toast into (   ) (   ) (   ).
....,

- **대조문 쓰기**

대조적인 그림을 나눠주고 문장을 아이들이 완성해 보도록 한다. 다양한 수, 크기와 모양의 식빵의 그림을 그려놓은 그림에 맞도록 써보도록 한다.

Can I have two big triangles, please?
Can I have two little rectangles, please?
Can I have two(three, four) big/little triangles(rectangles, squares)?
She made rectangles.
She made triangles.
She made squares.

- **간단한 시 써보기**

교사와 함께 읽는 동화 후 간단한 시를 아이들에게 써보도록 하는 것도 좋다. 보통 이야기, 책은 한 편의 시처럼 되어 있어 같은 패턴으로 단어와 문장을 일부 변경하여 자기만의 시를 한 편 써보도록 해본다. 짧게 쓴 시 한 편을 아이들 앞에서 발표하고 교실 게시판이나 벽에 전시해둔다.

10.6 문화

동화책은 책을 쓴 작가와 그림을 그린 삽화가의 문화를 반영하므로 문화 정보를 제시하고 문화 간 비교를 장려하는 이상적인 기회를 제공한다. 또한, 이야기에서 발생하는 문화 측면에 대한 배경 정보가 포함되어 있고 이러한 정보는 아이들의 이해도를 높이고 호기심을 불러일으키기 위해 포함되었다. 다른 문화에 대해 알고, 개방적인 태도를 지녀야 하며 또한, 우리 문화를 보다 객관적인 시각에서 볼 줄도 알아야 한다. 교사는 우리 문화와 다른 영어권 문화의 핵심적인 부분을 세심하게 주의를 기울여 영어 학습에 통합시켜 지도해야 한다.

예를 들면 'Today is Monday.' 외국의 식탁 예절에 대한 문화를 배울 수 있다.

- 오른손은 나이프를 왼손은 포크를 잡고 식사 전 목에 냅킨 두르기
- 수프를 먹기 위한 숟가락 사용법 등
- 우리나라는 숟가락과 젓가락 사용 비교
- 먹는 음식의 종류도 비교
- 외국의 주식은 보통 string beans, 스파게티, 로스트비프, 피자 등
- 우리나라 주식은 밥, 국, 김치, 깍두기, 등

이 동화책의 마지막 식탁 그림에서는 다양한 백인종, 황인종, 흑인 등 인종 차별에 대한 부분을 알 수 있고, 장애인과 비장애인 등 다양한 문화를 익힐 수 있다.

문화 활동

• 비디오 시청(viewing video)

다양한 영상물 시청을 통해 영미권 문화에 대해 쉽게 알 수 있다. 자연스럽고 실제 상황을 제공해주기 때문에 유용한 언어표현, 몸짓, 언어 외적인 행동까지 여러 생활 양식들을 익힐 수 있다.

• 영어마을 체험

요즘 영어 유치원, 초등학교 내 목표 문화에 와있는 것처럼 만들어 놓아 간접적 경험

을 할 수 있다. 혹은 간단히 교실 내 영어 코너를 꾸미고 아이들과 함께 체험학습을 해본다. 이때 그 나라를 대표하는 상징물 사진을 벽에 붙여둔다.

- 시장 놀이 활동 영어권 화폐를 아이들에게 나눠주고 영어로 물건 구매해 보기
- 햄버거 영어로 주문하기 등 비행기 표 만들어 나눠준 후 기내식 음식 주문해보기 등

• 부활절 달걀 꾸미기

삶은 달걀을 나눠준 후 달걀에 그림을 그리게 한 후 그림을 영어로 소개해 보기

- 각 나라 엽서나 기념품 하나씩 가져오기
- 아이들에게 집에 있는 다양한 나라의 여행 다녀온 엽서나 기념품 가져와서 소개하기

시간을 가져본다. 다양한 나라의 문화와 특징을 알 수 있다.

What's this? Where does it come from? Who does it belong to?

나라별 화폐를 가져와서 소개하기

- 제스처 알아맞히기(What's the message?)
  영미권에서 흔히 사용되는 다양한 몸짓을 그림 카드로 만든 후 알아 맞혀보기
  그리고 우리나라 혹은 다른 나라는 어떻게 표현하는지도 말해보기
- 비슷한 문화가 있는지 알아보기
  영미권과 우리나라와 비슷한 문화가 있는지 알아보기
  설날, 밸런타인데이, 부활절, 추석, 핼러윈, 크리스마스 등
- 물건 보고 기념일 알아 맞혀보기
  다양한 그림 카드들 혹은 실물을 보고 기념일 알아맞혀 보기
  ex: 칠면조 그림, 그림이 그려진 달걀 그림, jack-o'-lantern, witch, ghost, 크리스마스 트리, 크리스마스카드, 등

02

영어 동화 학습활동/
동화를 활용한 실제 수업 모형

1. Today is Monday
2. Here are My Hands
3. Quick as a Cricket
4. From Head to Toe
5. Cookie's Week
6. It's My Birthday
7. Bear About Town
8. My Friends
9. Go Away Dog
10. The Very Hungry Caterpillar

1 Today is Monday

작가	Eric Carl
주제	Sharing, Healthy Food
소재	Animals, Days of Week, Food
특징	• 아이들에게 친숙한 동물 등장 • 요일, 음식 이름을 통해 건강한 음식과 나눔에 대한 개념을 전달
학습 내용	• **Words** **Days of Week** Monday, Tuesday, Wednesday, Thursday, Friday, Saturday, Sunday **Food** String bean, spaghetti, soup, ice cream, chicken, fish, roast beef, **Animal** hedgehog, boa constructor, elephant, cat, pelican, monkey, fox, parrot,
활동 내용	**1. Food of Week** Color and match 요일별로 어떤 음식을 먹었는지 연결해 보기 ex: Monday, string beans / Tuesday, spaghetti Wednesday, zoooop / Thursday, roast beef, etc **2. Word Puzzle** Find and circle the words. 동화 속 음식명을 가로, 세로 퍼즐에서 찾아서 동그라미 하기 **3. 아이들이 아침, 점심, 저녁에 먹었던 것을 그림으로 그려보고 발표해보기** 일주일 동안 먹은 음식 표로 작성해 보고 발표해보기

Food of Week

✎ Color and match.

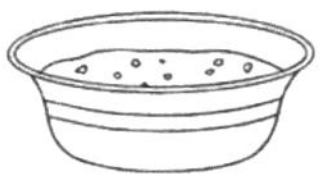 • • **Monday** • • 

 • • **Tuesday** • • 

 • • **Wednesday** • • 

 • • **Thursday** • • 

 • • **Friday** • • 

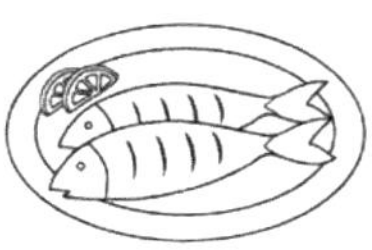 • • **Saturday** • • 

 • • **Sunday** • • 

Word Puzzle

✎ **Find and circle the words**

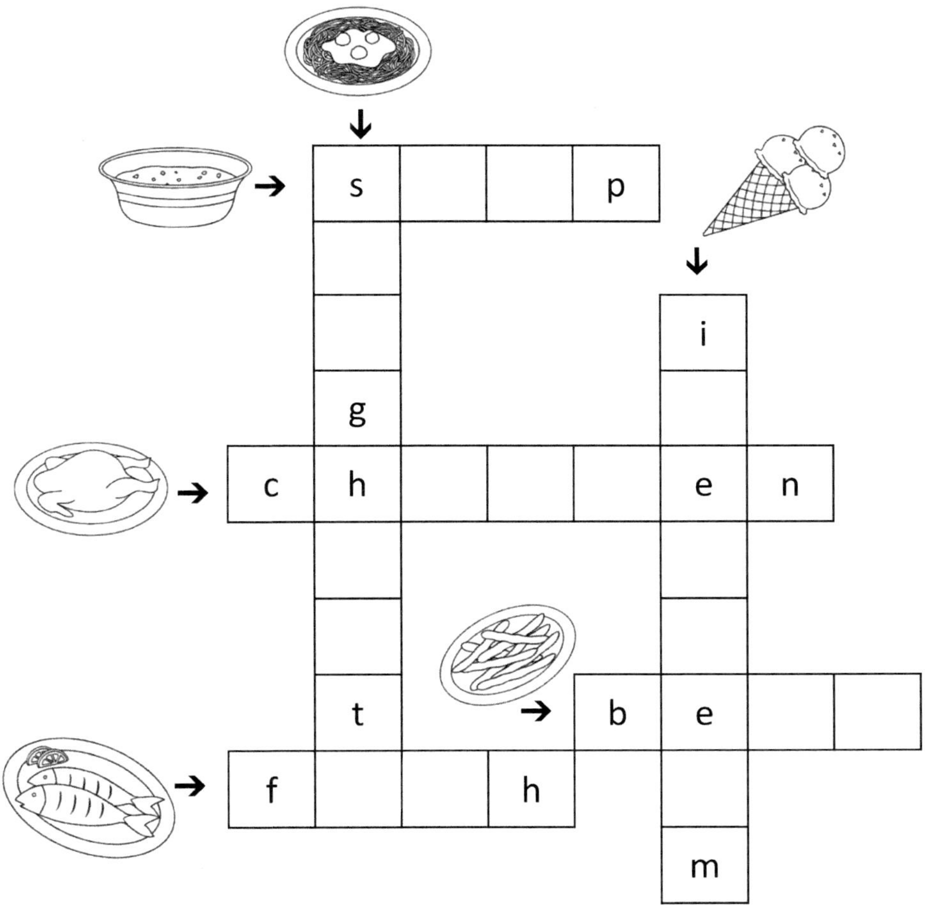

2 Here are My Hands

작가	Bill Martin Jr and John Archambault
주제	Friends, Self-Esteem, We are the Same and Different
소재	Body Parts, Action Verbs
특징	• 신체 부위와 그 신체 부위로 할 수 있는 동작을 자연스럽게 알려준다. • 전 세계 다양한 인종의 어린이들이 등장하여 아이들에게 외모, 인종 등이 서로 다를 수 있다는 것을 알게 해주고, 그 안에서 서로 똑같이 느끼고 활동하는 아이들만의 공통점도 발견할 수 있도록 도와준다.
학습 내용	• **Words** **Body Parts** hands, feet, head, nose, eyes, ears, knees, neck, cheeks, teeth, elbow, arm, chin, skin **Action Verbs** catching, throwing, stopping, going, thinking, knowing, smelling, blowing, seeing, crying, washing, drying, falling down, turning around, kissing, blushing, chewing, brushing, bundling in • **Sentence Pattern** Here are my hands for catching and throwing.
활동 내용	1. **Here I am!** Color and write what I do with my body parts. 내 신체 부위로 무엇을 하는지 색칠하고 쓰기 2. **Here Is My Body** Match the word. 각 신체 부위와 그 신체 부위가 하는 일에 대해 올바르게 연결해 보기 ex: hands – catching and throwing feet – stoping and going / head – thinking and knowing nose – smelling and blowing / eyes – seeing and crying ears – washing and drying / knees – falling down neck – turning around / cheeks – kissing and blushing 3. **아이들과 다양한 TPR(Total Physical Response) 활동으로 해보기**

Here Am I!

✎ **Color and write what I do with my body parts.**

Here Is My Body

✎ Match the words.

thinking	hands	crying
throwing	feet	drying
stopping	head	catching
washing	teeth	going
seeing	eyes	knowing
kissing	ears	brushing
chewing	cheeks	blushing

3 Quick as a Cricket

작가	Audrey Wood
주제	Self-Esteem
소재	Animals, Describing Words
특징	• 자기 자신을 다양한 동물들과 비교하면서 자기 자신의 성격, 장점, 단점들을 스스로 생각할 수 있는 기회를 준다. • 각각의 동물과 그 동물에게서 연상되는 형용사를 'I'm as ~~~~ as ____.'라는 패턴의 문장이 반복되어, EFL 환경의 아이들에게 어려운 난이도의 표현일 수 있는 'as ~~~ as' 형식의 문장을 자연스럽게 연습할 수 있다.
학습 내용	• **Wordss** **Animals** cricket, snail, whale, basset, lark, bunny, shark, toad, fox, clam, rhino, lamb, kitten, ox, lion, tiger, shrimp, poodle, chimp, lizard, bee **Adjectives** quick slow, small, large, sad, happy, nice, mean, cold, hot, quiet, tough, gentle, weak, strong, loud, brave, shy, tame, wild, lazy, busy • **Sentence Pattern** I'm quick as a cricket.
활동 내용	**1. I Am As⋯.** Match the words and color the pictures. 각 동물의 그림, 단어 카드와 특징을 연결하고 색칠하기 ex: I'm as large as a whale. → 고래 그림- whale- large * 아이들 각자 자기의 특징을 5개 정도 문장으로 만들어 오기(과제물) 다음 수업 시간에 그림과 함께 발표해보기 I'm as pretty as ~ . I'm tall as ~ . I'm as strong as ~. etc.

Who Am I?

✎ **Classify the animals in the storybook.**

Mammals	Birds	Insects

I Am As ...

✎ **Match the words and color the pictures.**

whale •	•  •	• **nice**
snail •	•  •	• **happy**
lark •	•  •	• **large**
bunny •	•  •	• **small**
shark •	•  •	• **tough**
rhino •	•  •	• **mean**

4 From Head to Toe

작가	Eric Carl
주제	Self-Esteem
소재	Animal, Body part, Action Varbs
특징	• 동물의 신체적 특징을 동물이 할 수 있는 동작으로 알려준다. • 동물들이 할 수 있는 특징적 동작을 패턴의 문장들을 활용해 묻고 대답하는 연습을 자연스럽게 할 수 있도록 도와준다.
학습 내용	• **Wordss** **Animals** penguin, giraffe, buffalo, monkey, seal, gorilla, cat, crocodile, camel, donkey, elephant, **Body Parts and Their Actions** turn my head, bend my neck, raise my shoulders, wave my arms, clap my hands, thump my chest, arch my back, wiggle my hips, bend my knee, kick my legs, stomp my foot, • **Sentence Pattern** I'm a penguin. I can turn my head.
활동 내용	**1. I Can Do it!** Match the words. 이야기 속 각각의 동물, 동사와 신체 부위를 각각 찾아서 연결해 보기 (ex: I am a penguin and I turn my head.) **2. What Can You Do?** Choose and draw your favorite animal from the story. Then write about the picture. 이야기 속 좋아하는 동물을 선택하고 그려라. 그런 다음 그림에 관해 쓰세요.

I Can Do It!

Match the words.

elephant •	• turn •	• arms
donkey •	• raise •	• head
camel •	• thump •	• shoulders
penguin •	• wave •	• chest
gorilla •	• bend •	• knees
monkey •	• kick •	• foot
buffalo •	• stomp •	• legs

What Can You Do?

✎ **Choose and draw your favorite animal from the story. Then write about the picture.**

5 Cookie's Week

작가	Cindy Ward, Tomie dePaola
주제	Daily Routine
소재	Cat, Days of Week, House Structure, House Stuffs
특징	• 주인공 고양이 Cookie의 활동을 따라가며 집안의 구조와 각 장소에 맞는 가구, 물건들에 대해 배울 수 있다. • 주인공 고양이 Cookie의 행동에 따라 어떤 결과가 발생하는지를 보여주어, 자연스럽게 인과관계(Cause and Effect)를 생각할 수 있게 도와준다.
학습 내용	• **Words** **Days of Week** Monday, Tuesday, Wednesday, Thursday, Friday, Saturday, Sunday **Places in the House** bathroom, windowsill, living room, kitchen, closet, **Stuffs in the House** toilet, plant, trash can, drawer, pots, pans, dishes, clothes • **Sentence Pattern** There was water everywhere.
활동 내용	1. **Word Puzzle** Find and circle the words. (pan, pot, dirt, toilet, closet, plant, garbage, curtain) 단어를 찾아서 동그라미 해보기 2. **Which Room Which Things** Classify the house stuffs from the story 이야기에서 집 물건을 분류해 보기 (Bedroom/Bathroom/Living Room/Kitchen)

Word Puzzle

✎ **Find and circle the words**

q	t	o	i	l	e	t	z	x	c
p	m	n	v	c	x	z	q	r	p
p	t	y	d	i	r	t	w	v	l
o	q	p	z	x	c	v	b	n	a
t	g	a	r	b	a	g	e	y	n
w	q	e	r	t	y	u	i	o	t
a	e	c	l	o	s	e	t	u	y
s	P	b	v	m	n	t	e	w	q
x	a	q	c	u	r	t	a	i	n
c	n	z	x	c	v	b	n	m	k

curtain	pan	plant	closet
dirt	toilet	garbage	pot

Which Room Which Thing

✎ **Classify the house stuffs from the story.**

Bedroom	Bathroom
Living room	Kitchen

6 It's My Birthday

작가	Helen Oxenbury
주제	Corporation, Sharing
소재	Birthday, Cake Ingredients, Animals
특징	• 생일을 맞는 아이(성명 불상)가 케이크를 만들기 위해 여러 동물을 찾아다닌다. • 각 동물에게 케이크에 필요한 재료들을 하나씩 부탁하는 과정을 통해 케이크의 재료에 해당하는 단어, 농장의 동물 이름을 자연스럽게 배울 수 있다. • 패턴의 문장들을 이용하여 동물들과 아이의 대화가 이어지고 있어 자연스럽게 문장을 익힐 수 있다.
학습 내용	• **Words** **Animals** chicken, bear, cat, dog, pig, monkey **Ingredients of Cake** eggs, flour, butter, milk, salt, sugar, cherries • **Sentence Pattern** I need some <u>eggs</u>. I'll get you some <u>eggs</u>.
활동 내용	**1. I'll Get You** (Write and match) 올바른 물건을 찾아 연결하고 영어로 써보세요. **2. I'll Get You….** Unscramble the words 뒤죽박죽 섞어 있는 단어들을 보고 문장을 완성해 보세요.

I'll Get You ...

✎ **Write and match.**

16

I'll Get You ...

✎ **Unscramble the words.**

get you I'll eggs some

______________________________________ .

the for top get you get I'll some cherries

______________________________________ .

I'll butter get you and milk some

______________________________________ .

a salt pinch of you I'll get

______________________________________ .

some I'll you get sugar

______________________________________ .

17

7 Bear About Town

작가	Stella Blackstone
주제	Daily Routine
소재	Days of Week, Place and Activities
특징	• 주인공 곰돌이가 규칙적인 생활을 통해 건강하고 즐거운 일상을 보낸다는 이야기 • 내 주변에 있는 다양한 장소에 대해 자연스럽게 배울 수 있다.
학습 내용	• **Words** **Days of Week** Monday, Tuesday, Wednesday, Thursday, Friday, Saturday, Sunday **Places in Town** bakery, swimming pool, cinema, gym, toy shop, park, playground • **Sentence Pattern** On Monday, he goes to the bakery.
활동 내용	**1. Bear About Town** Write, Cut and paste 각 요일을 써보고 곰이 간 곳을 아래 단어를 찾아 오려서 붙이기 **2. Choose three days. Then draw and write what I do on each day.** 3일을 선택하여 고른 요일별로 무엇을 했는지 그림을 그리고 영어로 써보세요. 각자 그리고 쓴 것을 앞에 나와서 발표해보세요.

Bear About Town

Write, cut and paste.

Days of the Week	Where to go
Monday	bakery

toyshop	park	pool
playground	cinema	gym

Me About Town

✎ **Choose three days. Then draw and write what I do on each day.**

Days of the Week	Draw What I Do	Write What I Do

8 My Friends

작가	Taro Gomi
주제	We Learn Everywhere
소재	Friends, Animals, Action Verbs, Learning
특징	• 동물과 그 동물들에게서 연상되는 액션들을 연결해 패턴의 문장으로 이야기를 풀어나가고 있다. • 학교뿐만 아니라 친구를 통해서도 많은 것을 배울 수 있다는 메시지를 동물을 이용해 전달하고 있다.
학습 내용	• **Words** **Animals** cat, dog, monkey, horse, rooster, crocodile, butterfly, rabbit, ant, gorilla, owl, bird **Action Verbs** walk, jump, climb, run, march, nap, smell, hide, explore, kick, watch, sing • **Sentence Pattern** I learned to walk from my friend cat.
활동 내용	**1. How many legs?** (Classify the animals into the number of legs they have) : 각각의 동물들이 가지고 있는 다리의 개수(2개, 4개, 6개)를 세어서 분류해 보기 **2. Match and Write** : 제시되는 동물 어휘(cat, dog, horse..)와 동작(run, walk….)명사를 찾아 연결하고 영어로 써보기

How Many Legs?

Classify the animals into the number of legs they have.

Two Legs	Four Legs	Six Legs

I Learned From ...

✎ **Match and write.**

cat	d	h	r	c

walk	r	n	h	j

9 Go Away Dog

작가	Joan L. Nodest
주제	Friendship
소재	Dog, Pet
특징	• 떠돌이 개와 주인공 남자아이가 만나 서로 친구가 되어가는 과정 • 처음에는 개를 좋아하지 않던 주인공이 개의 귀여운 행동들을 보며 점차 마음을 열고 친구가 되어간다. • '친구'라는 개념, 친구의 중요성을 주인공과 떠돌이 개가 친구가 되어가는 과정을 보며 자연스럽게 알게 해준다.
학습 내용	• **Words** **Dog's Action** jump, wag, lick roll over, shake hands, run • **Sentence Pattern** I don't like you, dog. Don't' wag your tail.
활동 내용	**1. Story Map** 동화의 내용을 분석하고 정리해본다. (제목, 저자, 주요 등장인물, 환경, 무슨 일이 일어났는지 요약, 이야기 결말 등) **2. Word Puzzle** 교사가 제시하는 동화 속 어휘를 찾아본다.

Story Map

✎ **Complete the Story Map.**

Main Character	**Setting**
What Happened?	**How Ended?**

Title: ________________

Author: ________________

Word Puzzle

✎ **Find and circle the words.**

q	w	t	f	b	v	x	h	z	k
e	d	o	g	p	n	m	a	v	p
w	q	e	t	y	u	i	n	o	l
z	s	h	a	k	e	x	d	f	a
p	o	i	u	y	t	r	e	w	y
t	h	r	o	w	q	m	n	b	v
a	s	d	f	g	s	t	i	c	k
t	a	i	l	h	j	k	l	z	x
c	v	n	m	j	k	l	h	g	d
s	d	f	g	h	o	m	e	j	k

shake	stick	throw	home
tail	hand	play	dog

10 The Very Hungry Caterpillar

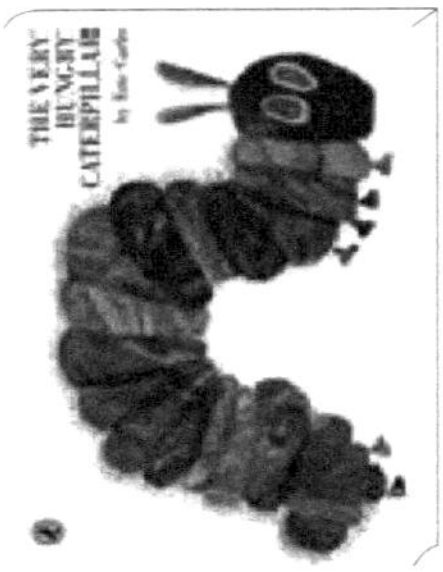

작가	Eric Carl
주제	The cycle of butterfly(나비의 변태 과정)
소재	색깔, 숫자, 요일, 음식
특징	• 알에서 깨어난 애벌레가 요일마다 여러 가지 음식을 먹고 고치를 만든 후 나비가 되기까지의 과정을 그린 이야기이다. 음식, 요일, 애벌레의 성장 과정 등과 관련지어 역할극 하기, 카드 만들기 등 다양한 활동을 통해 자연, 미술 등 타교과와의 통합 가능성이 큰 동화이다.
학습 내용	• **Words** caterpillar, light, moon, little egg, leaf, hungry, food, apple, peas, plum, strawberry, orange, chocolate cake, ice-cream, pickle, cheese, salami, lollipop, cherry pie, sausage, cupcake, watermelon • **Sentence Pattern** On Monday(Tuesday, Wednesday, ...) he ate through one(two, three..) apple(pears, plums, strawberries…). But he was still hungry.
활동 내용	**1. What the caterpillar ate** 교사와 함께 읽었던 책을 복습하면서 (요일 단어 카드, 음식 그림카드, 숫자 카드) 요일별로 무슨 음식을 얼마큼(양) 먹었는지 알아보고 제시한 활동지를 작성해본다. **2. The Life Cycle of Butterfly** 알에서부터 나비가 되는 과정을 알아보고 둥근 게임판을 만들어 본다. 교사가 나눠준 활동지 활용

What The Caterpillar Ate

✎ **Complete the chart.**

Days of Week	How Many	What
Monday	 one	apple
	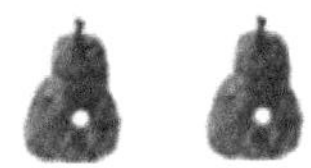	

	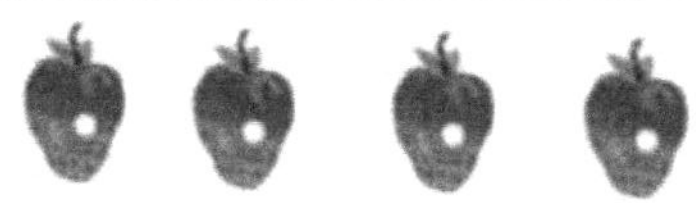	

The Life Cycle of Butterfly

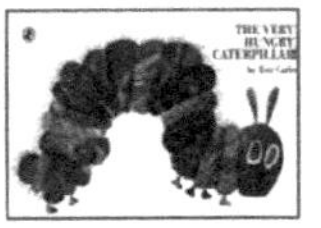

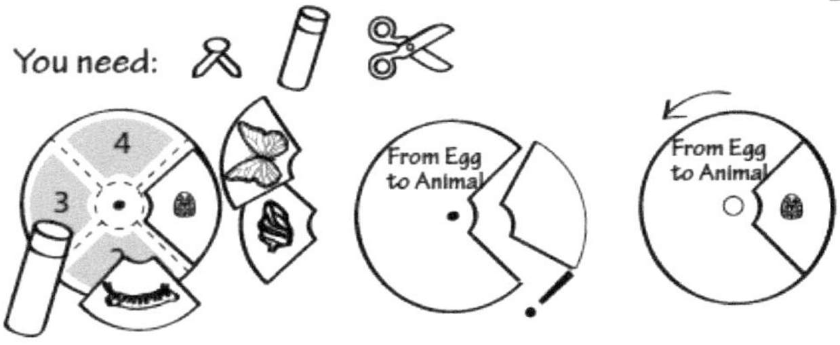

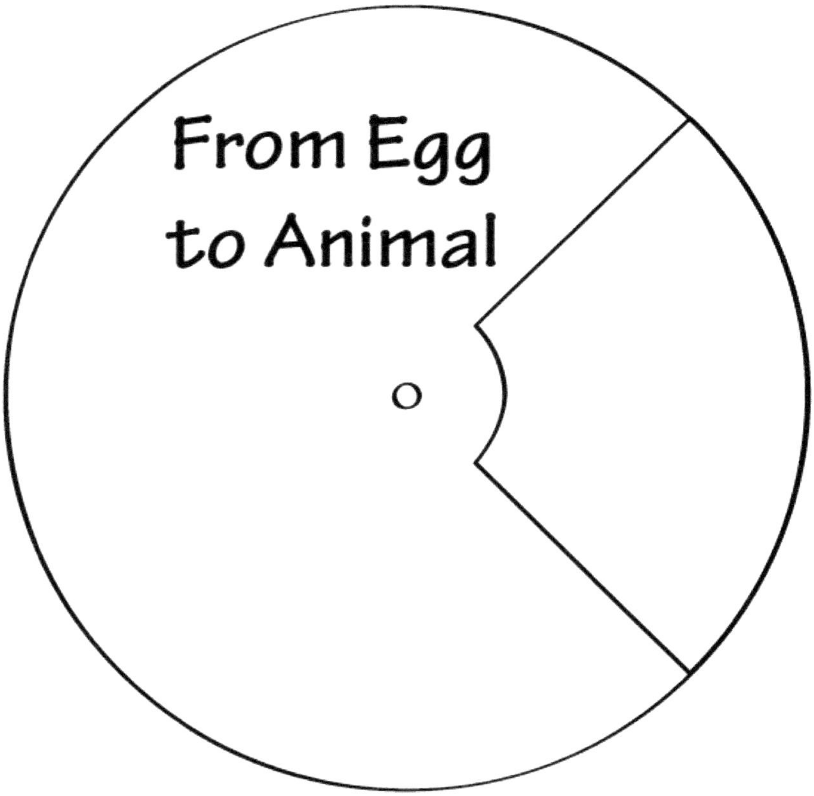

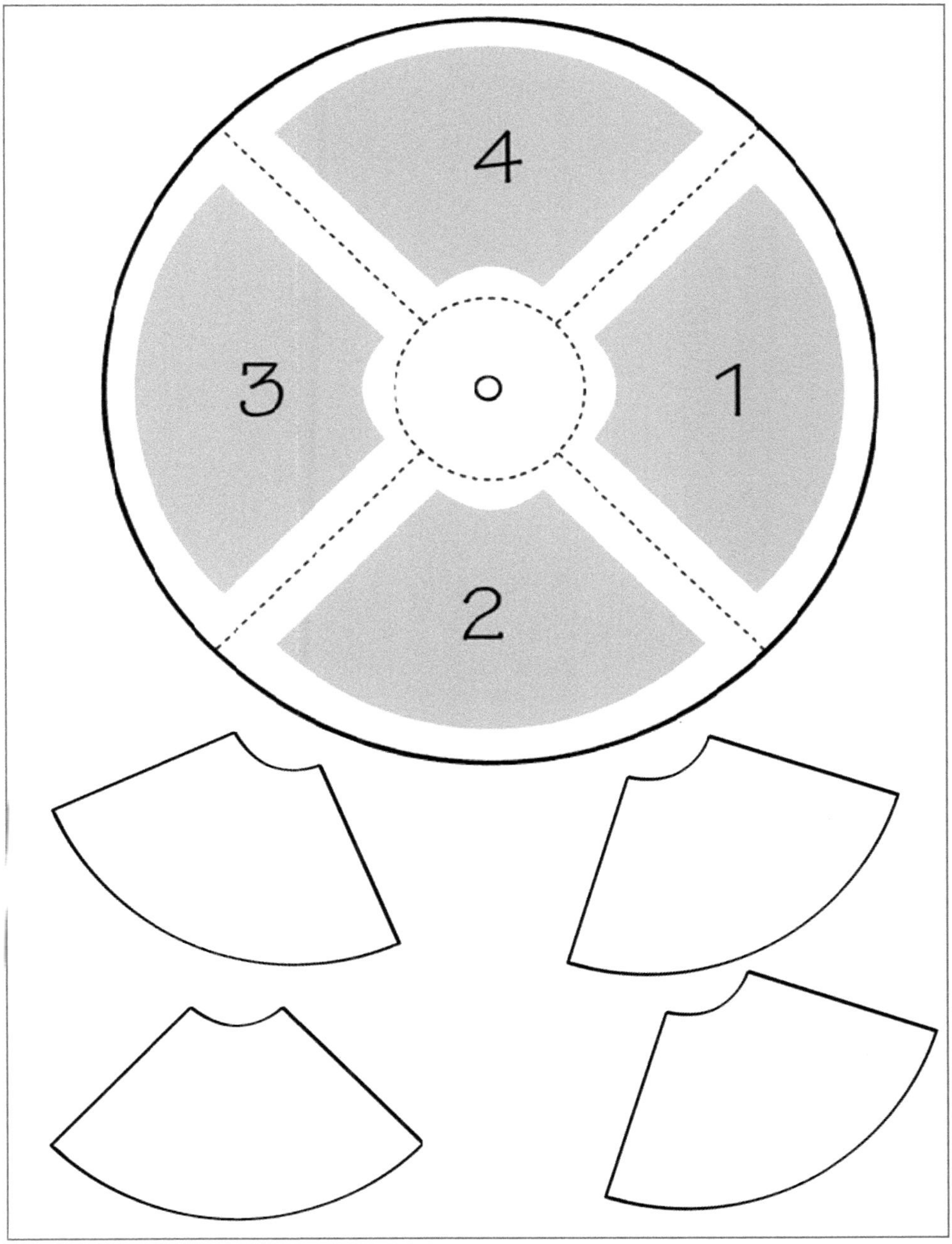
4
3
1
2

03

독서일지

Vocabulary Map   Date: .   .   .

Title: ______________________________

I thought it means...

thin

I Know it means....

thick, wet substance

Word

newt

Sentence from the Book

His protective slime coat might make them sting.

I thought it means...

I Know it means....

Word

Sentence from the Book

I thought it means...

I Know it means....

Word

Sentence from the Book

Story Map Date: . . .

Text Type: Fiction

Who are the main characters?

What are the main settings?

(The setting tells where and when the story takes place.)

Title: ______________________________

Author: ____________________________

What was the main problem?

How did the story end?

✍ Make a Clean Copy

Story Map Date: . . .

Who are the main characters?	***What are the main settings?*** (The setting tells where and when the story takes place.)
What was the main problem?	***How did the story end?***

Title: ______________________

Author: ______________________

Vocabulary Map

Date: . . .

Title: ____________________

I thought it means...

I Know it means....

Word

Sentence from the Book

I thought it means...

I Know it means....

Word

Sentence from the Book

I thought it means...

I Know it means....

Word

Sentence from the Book

Character Comparison Map Date: . . .

Title: ______________________________ **Text Type: fiction**

✎Write the characters' names in the book.

✎Choose two characters you like best and write about how they are same and different. For example, you can compare their personalities.
(*shy, friendly, athletic, loud, energetic, quiet, and so on*)

Character To be Compared

Same

They are similar by ……
They are both….

Character To be Compared

Different

The 1st character is ……, but the 2nd character is……

Make a Clean Copy

Character Comparison Map

Date: . . .

Title: ____________________________

Write the characters' names in the book.

Choose two characters you like best and write about how they are same and different. For example, you can compare their ***personalities***.

(*shy, friendly, athletic, loud, energetic, quiet, and so on*)

Character To be Compared

Same

They are similar by ……

They are both….

Character To be Compared

Different

The 1st character is ……, but the 2nd character is……

Vocabulary Map

Date: . . .

Title: ______________________________

I thought it means...

I Know it means....

Word

Sentence from the Book

I thought it means...

I Know it means....

Word

Sentence from the Book

I thought it means...

I Know it means....

Word

Sentence from the Book

Story House

Date: . . .

Text Type: fiction

Characters

Settings

Title: ______________________________

Author: ______________________________

What Serious Problem Happened?

How was the Problem Solved?

✍Make a Clean Copy

Story House

Date: . . .

Characters

Settings

Title: ______________________________

Author: ______________________________

What Serious Problem Happened?

How was the Problem Solved?

Vocabulary Map

Date: . . .

Title: ______________________________

I thought it means...

I Know it means....

Word

Sentence from the Book

I thought it means...

I Know it means....

Word

Sentence from the Book

I thought it means...

I Know it means....

Word

Sentence from the Book

Plot Diagram

Title: ______________________

Date: . .

Text Type: fiction

What happened to the main character?

What was the most serious problem to the main character?

Where or when did the story start?

How was the problem solved?

Setting

Plot

Ending

Plot Diagram

Date: . . .

Title: ______________________________

What happened to the main character?

What was the most serious problem to the main character?

Where or when did the story start?

How was the problem solved?

Setting

Plot

Ending

Vocabulary Map Date: . . .

Title: ______________________________

I thought it means...

I Know it means....

Word

Sentence from the Book

I thought it means...

I Know it means....

Word

Sentence from the Book

I thought it means...

I Know it means....

Word

Sentence from the Book

Character Trait Date: . . .

Title: ____________________________

Text Type: Fiction

✎ Pay attention to a character's words like thoughts, feelings, and actions. And write his or her trait with an example from the book. Trait is a particular characteristic or personality.

Character Trait:

Example:

Character Trait:

Example:

Character:

Character Trait:

Example:

Character Trait:

Example:

✍Make a Clean Copy

Character Trait

Date: . . .

Title: ______________________________

✎ Pay attention to a character's words like thoughts, feelings, and actions. And write his or her trait with an example from the book. Trait is a particular characteristic or personality.

Character Trait:

Example:

Character Trait:

Example:

Character:

Character Trait:

Example:

Character Trait:

Example:

Vocabulary Map

Date: . . .

Title: ______________________________

I thought it means...

I Know it means....

Word

Sentence from the Book

I thought it means...

I Know it means....

Word

Sentence from the Book

I thought it means...

I Know it means....

Word

Sentence from the Book

Story Board Date: . . .

Title: ______________________________

Text Type: Fiction

✎Write the events of the story on the story board. Record them in the correct order.

1. First, the main character

2. Then he (she, they)

3. After that

4. Next,

5. And next,

6. Finally

Paraphrasing Note

Date: . . .

Title: ______________________________

✎ In your own words, write a paragraph using the *Story Board* that you have just filled out.

Vocabulary Map

Date: . . .

Title: ______________________________

I thought it means...

I Know it means....

Word

Sentence from the Book

I thought it means...

I Know it means....

Word

Sentence from the Book

I thought it means...

I Know it means....

Word

Sentence from the Book

What Happened Chart

Date: . . .

Title: ___________________________________

Text Type: fiction

✎In what order did the events happen? Use the sequence words below to help you make the order clear.

Paraphrasing Note

Date: . . .

Title: ____________________________

✎ In your own words, write a paragraph using the *Story Board* that you have just filled out.

Vocabulary Map

Date: . . .

Title: ______________________________

I thought it means...

I Know it means....

Word

Sentence from the Book

I thought it means...

I Know it means....

Word

Sentence from the Book

I thought it means...

I Know it means....

Word

Sentence from the Book

Bookmark Organization

Date: . . .

✎ Fill out the organizer in your own words.

Text Type: fiction

1. Write the title and author of the book.	1. Title: ____________________________ Author:____________________________
2. Write the names of the main characters.	2.
3. Describe the setting of the story.	3.
4. Tell an interesting event or character.	4.
5. Tell what you liked or did not like about the story.	5.

✍Make a Clean Copy

Bookmark Organization

Date: . . .

✎Fill out the organizer in your own words.

1. Write the title and author of the book.	1. Title: ________________________ Author:________________________
2. Write the names of the main characters.	2.
3. Describe the setting of the story.	3.
4. Tell an interesting event or character.	4.
5. Tell what you liked or did not like about the story.	5.

Vocabulary Map

Date: . . .

Title: ______________________________

I thought it means...

I Know it means....

Word

Sentence from the Book

I thought it means...

I Know it means....

Word

Sentence from the Book

I thought it means...

I Know it means....

Word

Sentence from the Book

Sequence Chain

Date: . . .

Title: ______________________________

Text Type: Fiction

✎Write the events of the story in the order in which they happened.

Head

Middle

End

Paraphrasing Note

Date: . . .

Title: ___________________________

✎ In your own words, write a paragraph using the *Story Board* that you have just filled out.

Vocabulary Map

Date: . . .

Title: ______________________________

I thought it means...

I Know it means....

Word

Sentence from the Book

I thought it means...

I Know it means....

Word

Sentence from the Book

I thought it means...

I Know it means....

Word

Sentence from the Book

Fact Finder

Date: . . .

Title: ______________________

Text Type: Non fiction

✎Write the specialized vocabularies you found through reading and add details about them.

Specialized Vocabulary:	Specialized Vocabulary:	Specialized Vocabulary:
Details	Details	Details

✍Make a Clean Copy

Fact Finder

Date: . . .

Title: ______________________________

✎Write the specialized vocabularies you found through reading and add details about them.

Specialized Vocabulary:	Specialized Vocabulary:	Specialized Vocabulary:
Details	Details	Details

Vocabulary Map

Date: . . .

Title: ____________________________

I thought it means...

I Know it means....

Word

Sentence from the Book

I thought it means...

I Know it means....

Word

Sentence from the Book

I thought it means...

I Know it means....

Word

Sentence from the Book

Big Question

Date: . . .

Title: ____________________

Text Type: Non Fiction

✎ Fill in the blanks with your own questions based on the content of the book you have read?

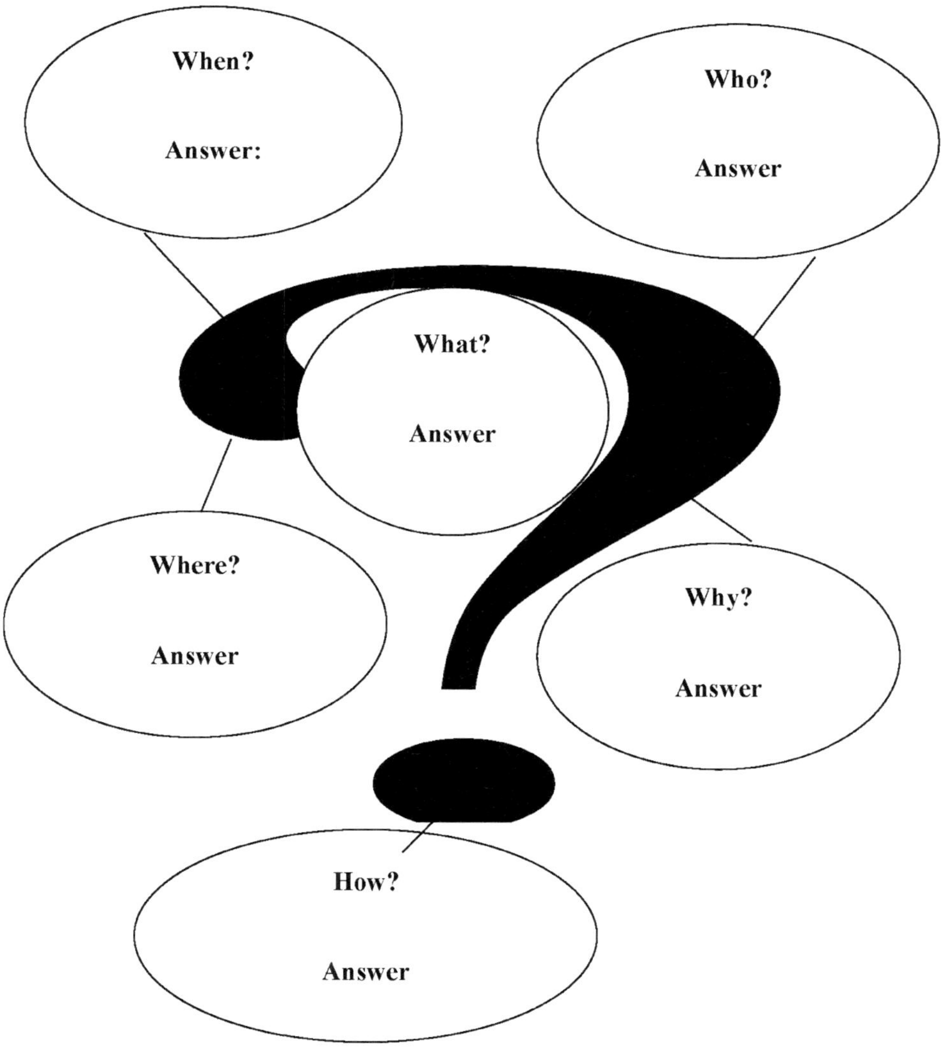

✍Make a Clean Copy

Big Question

Date: . . .

Title: ____

✎ Fill in the blanks with your own questions based on the content of the book you have read?

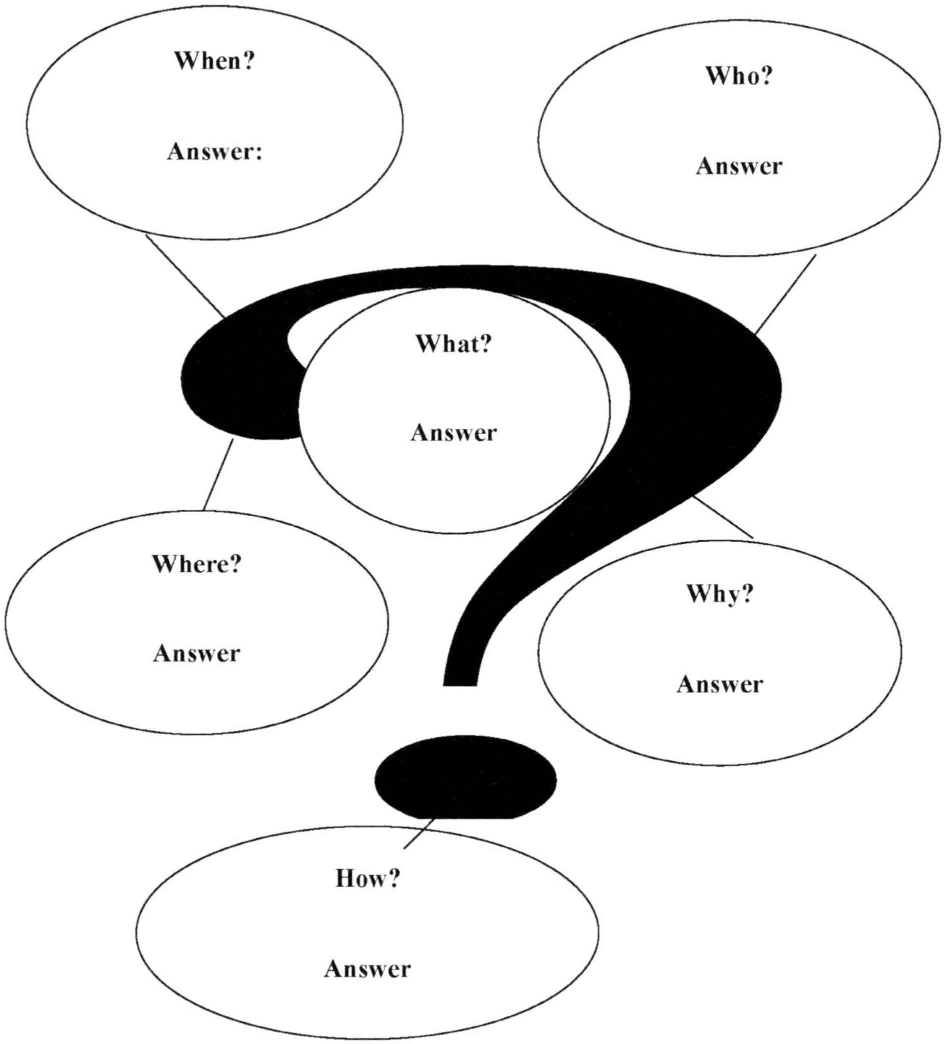

Vocabulary Map

Date: . . .

Title: ____________________

I thought it means...

I Know it means....

Word

Sentence from the Book

I thought it means...

I Know it means....

Word

Sentence from the Book

I thought it means...

I Know it means....

Word

Sentence from the Book

Learning Log

Date: . . .

Title: ______________________

Text Type: Non Fiction

✎ Answer the following questions.

What is the topic of the book?

What fact did you learn newly through reading?

Write more details about the fact you learned.

Paraphrasing Note Date: . . .

Title: ____________________________

✎ In your own words, write a paragraph using the *Learning Log* that you have just filled out.

참고문헌

곽안숙. (2005). *그림 동화책을 활용한 초등영어교육*. 홍익대학교 석사학위 논문.

김영미. (1999). *동화로 가르치는 초등영어*. 문진미디어

김신영. (2007). *영어동화를 활용한 초등학교 영어 교육 연구; Eric Carl 작품을 분석을 중심으로*. 광운대학교 교육대학원 석사학위 논문.

김윤희. (2007). *전래동화를 활용한 영어 교수 학습 사이트 모형 설계 및 구현*. 중앙대학교 교육대학원 석사학위 논문.

김현희, 박상희. (1999). *유아문학교육*. 서울: 학지사.

박약우 외. (2012). *초등영어교재연구* (4판). 서울: 경문사.

안정주. (2013). *스토리텔링으로 가르치는 어린이영어*. 국제영어대학원대학교 출판부.

정동빈. (2005). *유아영어놀이지도*. 서울: 한국문화사.

정동빈. (2008). *초등영어문자지도*. 서울: 한국문화사.

Brumfit, C. J. & Carter, R. A. (1986). *Literature and language teaching*. Oxford: Oxford University Press.

Ellis, G & Brewster, J. (2002). *The new storytelling handbook for primary teachers*. London: Penguin books

Ellis, G & Brewster, J. (2002). *The primary English teacher's guide*. New York: Penguin Press.

Gravie, E. (1991). *Story as vehicle: Teaching English to young children*. Philadelphia: Multilingual Matters LTD.

Krashen, S & Terrell, T. (1983). *The natural approach*. Pergamon, N.Y.

McDonough, J. & Shaw, C. (1993). *Materials and Methods in ELT*. Blackwell.

Mussen, P. H. (1983). *Handbook of Child psychology*. New York: Wiley.

Nation, K. (2008). *Teaching vocabulary: Strategies and techniques*. Boston, MA: Heinle.

Nation, K. (2008). *Teaching ESL/EFL reading and writing*. New York: Taylor & Francis Group.

Ruth, W. (2003). *Stories*; Narrative activities in the language classroom. Cambridge Uniersity Press.

Sandra, M. (1982). *Literature in the ESL Classroom*. TESOL Quarterly, Vol.16, No. 4, pp. 529-536.

Scott, T. (2002). *How to teach vocabulary*. Edinburgh: Pearson Education Limited.

Stern, S. J. (1987). An intergrated approach to literature in ESL/EFL English Teaching Forum, 25(4), (pp. 47-55).

Wright, A. (1995). *Storytelling with Children*. Oxford University Press.

Wright, A. (1997). *Creating Stories with Children*. Oxford University Press.

저자 소개

김혜정

- 중앙대학교 영어언어과학과(조기영어교육학) 박사
- 중앙대학교 조기영어교육학과 석사
- The Univ. of Southern Queensland TESOL 수료
- 한국조기영어교육학회 TESOL 교육연구소 원장
- EBSe Mom's Time 출연, EBSe 유아영어프로그램 자문교수
- (현) 광주여자대학교 국제교육원 원장
- (현) 광주여자대학교 어린이영어교육학과 교수
- (현) 광주여자대학교 글로벌영어교육학과 교수

동화를 활용한 어린이 영어교육

발 행 일 • 2021년 12월 10일

저 자 • 김 혜 정
발 행 자 • 최 봉 조
발 행 처 • 진샘미디어
주 소 • 서울시 은평구 연서로 5길 28 부호아파트 102동 상가5호
전 화 • 02)353-4421 / FAX 02)353-4431
홈페이지 • www.jinsaem.co.kr

신고번호 • 제311-2005-000025호
ISBN • 979-11-91419-11-5 93370

정가 15,000원